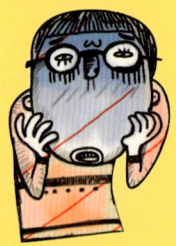

마음

김정홍 글 | 나일영 그림

아이앤북
I & BOOK

머리말

마음이란 무엇일까?
만일 마음이 내 안에 있다면 내 마음대로 마음을 움직일 수 있을까?

꼭 그렇지만은 않은 것 같죠? 화를 내면 안 되는데 자꾸 화가 나고, 또 친구와 화해하고 싶은데 마음은 여전히 친구를 미워할 때도 있으니까요.

사실 마음은 '내 것'이기도 하고 또 아니기도 하답니다. 마음이 '내 것'일 때, 나는 '마음의 주인'이 되지만 반대로 마음이 '내 것'이 아닐 때, 나는 '마음의 하인'이 된답니다.

마음의 하인이 되면 어떻게 될까요? 그냥 마음이 시키는 대로만 살아가게 되겠죠? 화가 나면 무조건 화를 내고, 부끄러우면 무조건 숨고, 자신감이 떨어지면 그냥 한없이 소심해지게 된답니다. 이건 정말 싫지 않으세요?

화가 나면 어떻게 해야 하는지, 부끄럽거나 두려운 감정이 생기면 또 어떻게 해야 하는지, 남을 이해하고 배려해야 하는 이유는 무엇인지, 친구와 다투고 난 다음엔 어떻게 해야 하는지……, 하루에도 수많은 감정이 내 마음을 이리저리 흔드는데 정작 우리는 그 마음을 어떻게 해야 할지 잘 모를 때가 많습니다.

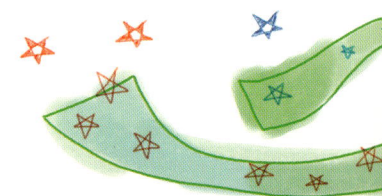

사람들이 공부를 하고, 일을 하고, 열심히 살아가는 이유는 바로 행복해지기 위해서입니다.

그런 행복을 찾으려면 무엇보다 마음을 들여다볼 줄 알아야 합니다. 왜냐 하면 마음먹기에 따라서 행복의 크기가 달라지니까요. 또 마음의 주인이 되어갈수록 점점 더 행복해질 수 있답니다.

그럼 어떻게 하면 마음의 주인이 될 수 있을까요?

물론 그건 결코 쉬운 일이 아니랍니다. 하지만 매일매일 운동을 하면 근육이 생기고 힘이 강해지듯이 마음도 조금씩, 조금씩 훈련을 하면 점점 내 것으로 만들 수 있답니다.

이 책을 읽기 전에 미리 '마음'의 준비를 해 두세요. 내 마음의 주인이 되겠다고 말이에요.

김정흥

C O N T E N T S

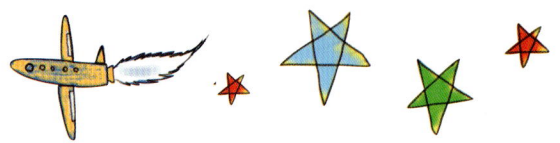

제1장 >> 화

001 화! 싫지만 평생 따라다니는 친구 · 10 | **002** "나 지금 화났어!"라고 말하기 · 12 | **003** 화났다고? 그럼 생각도, 말도, 행동도 모두 스톱! · 14 | **004** 나에게 딱 맞는 화풀이 방법은? · 16 | **005** 화날수록 시간을 벌어라 · 18 | **006** 나는 화를 어떻게 내는 유형일까? · 20 | **007** 남의 탓으로 돌리는 건 아주 곤란해! · 22 | **008** 화를 다스릴수록 인격은 쑥쑥 자란다 · 24 | **009** 관용보다 멋진 화풀이는 없다! · 26 | **010** 먼저 손을 내밀면 두 사람의 화가 한꺼번에 풀린다! · 28 | **011** 화를 풀어 주는 질문, 화를 잠재우는 표현 · 30 | **012** '화나는 고속도로'를 막아라! · 32 | 마음 훈련 _ 화를 잘 다스리는 사람이 되려면? · 34

제2장 >> 부끄러움과 두려움

013 시작해 봐, 부끄러움과의 한 판 대결! · 38 | **014** 부끄러워? 잘 따져 보고 당당해져 봐 · 40 | **015** 숨기지 마, 숨기면 점점 더 부끄러워져 · 42 | **016** 어두운 부끄러움을 밝은 부끄러움으로 · 44 | **017** 너는 이 세상에 하나밖에 없는 소중한 존재야 · 46 | **018** 어두운 구석 자리를 박차고 한가운데로 나가 봐 · 48 | **019** 칭찬은 부메랑이야 · 50 | **020** 두려움이란 무엇일까? · 52 | **021** 위험해? 무서워? 그렇다고 고개 돌리지 마 · 54 | **022** 너무 완벽해지려고 하지 마 · 56 | **023** 두려움을 키우는 말, 두려움을 없애는 말 · 58 | **024** 두려움은 다리를 건너라는 신호야 · 60 | 마음 훈련 _ 부끄러움도, 두려움도 다 생각하기 나름 · 62

제3장 >> 슬픔과 기쁨

025 슬픔은 마음을 잘 다스리라는 신호야 · 66 | **026** 슬픔으로부터 도망치지 마 · 68 | **027** 눈물은 힘이 될 수 있어 · 70 | **028** 슬플수록 멋쟁이가 되어 봐! · 72 | **029** 눈물 대신 땀을 흘려! · 74 | **030** 기쁨도 슬픔도 내가 선택하기 나름이야 · 76 | **031** 웃음, 그 마법의 힘을 아니? · 78 | **032** 기쁨은 돌아오는 법 · 80 | **033** 세상을 아름답게 만드는 기쁨 바이러스 · 82 | **034** 한 마디 말로 운명을 바꿀 수도 있어 · 84 | **035** 슬플수록 꿈을 키워야 해 · 86 | **036** 세상에서 제일 행복한 곳 만들기 · 88 | 마음 훈련 _ 슬픔도 기쁨도 지혜롭게 다스려 보자 · 90

C O N T E N T S

제4장 >> 배려와 이해

037 남을 위한 배려가 곧 나의 행복 · 94 | **038** 작은 행동, 큰 배려 · 96 | **039** 상대방을 보살피는 마음 · 98 | **040** 더 멀리 보고, 더 깊이 생각하는 배려 · 100 | **041** 숨 쉬듯 자연스러운 배려 · 102 | **042** 늘 선물하는 마음으로 · 104 | **043** 배려는 잔잔하게 퍼져 나간다 · 106 | **044** 자존심과 배려 · 108 | **045** '다른 것'은 '틀린 것'이 아니야 · 110 | **046** 세상을 보는 눈을 바꿔 봐 · 112 | **047** 들을 줄 아는 사람 주변엔 친구가 참 많아 · 114 | **048** 글쓰기로 상대방을 이해하기 · 116 | 마음 훈련 _ '나'와 '너'에서 '우리'로 나아가는 길 · 118

제5장 >> 겸손과 감사

049 낮출수록 더 높아진다 · 122 | **050** 낮은 곳에서 더욱 높아지는 겸손 · 124 | **051** 겸손한 사람이 오래 가 · 126 | **052** 겸손은 힘이 세다 · 128 | **053** 겸손한 사람 주변에 친구가 많은 까닭은? · 130 | **054** 겸손처럼 보이지만 절대로 겸손하지 않은 아부 · 132 | **055** 겸손할수록 존경받는 사람이 될 수 있어 · 134 | **056** 감사할 줄 아는 사람은 행복해 · 136 | **057** 행복 헌장과 '감사'의 힘 · 138 | **058** 세상에서 가장 좋은 습관, "감사합니다!" · 140 | **059** 하나, 둘, 셋…, 내가 가진 것들을 세어 봐 · 142 | **060** 힘든 일을 달게 받아들여 · 144 | 마음 훈련 _ 날마다 겸손하게, 매일매일 감사하며 · 146

차례

제6장 >> 화해와 용서

061 작은 용서에서 큰 용서로 · 150 | **062** 도저히 용서할 수 없다고? · 152 | **063** 용서는 '나'를 행복하게 해 · 154 | **064** 잘못을 눈감아 주는 것과 용서는 달라 · 156 | **065** 참는 것만으론 부족해 · 158 | **066** 너무 늦었다고 포기하지 마 · 160 | **067** 용서하면 화가 풀리고 자유로워져 · 162 | **068** 용서와 화해는 어떻게 다를까? · 164 | **069** 상대방은 간절하게 원하고 있어 · 166 | **070** 먼저 화해를 청하는 것이 진짜 용기야 · 168 | **071** 상대가 화해하기 싫어하면 어떡하지? · 170 | **072** 화해는 언제 하는 것이 가장 좋을까? · 172 | 마음훈련 _ 용서와 화해, 모두가 행복해지는 습관 · 174

Mind anger

mind

#1

화

anger mind

mind

001 화! 싫지만 평생 따라다니는 친구
002 "나 지금 화났어!"라고 말하기
003 화났다고? 그럼 생각도, 말도, 행동도 모두 스톱!
004 나에게 딱 맞는 화풀이 방법은?
005 화날수록 시간을 벌어라
006 나는 화를 어떻게 내는 유형일까?
007 남의 탓으로 돌리는 건 아주 곤란해!
008 화를 다스릴수록 인격은 쑥쑥 자란다
009 관용보다 멋진 화풀이는 없다!
010 먼저 손을 내밀면 두 사람의 화가 한꺼번에 풀린다!
011 화를 풀어 주는 질문, 화를 잠재우는 표현
012 '화나는 고속도로'를 막아라!
마음 훈련 _ 화를 잘 다스리는 사람이 되려면?

anger

001

화! 싫지만 평생 따라다니는 친구

> 화는 신체 장기와 같아 함부로 떼어 버릴 수 없다.
> – 틱낫한 스님(베트남의 승려 · 평화운동가 · 시인)

누구나 화를 내면 꼭 이런 말을 듣곤 해.

"왜 화를 내고 그래? 화내지 마! 너 화난 모습 보기 싫어!"

화는 자꾸 나는데 옆에서는 오히려 화내지 말라고 아우성이란 말이야.

"그래, 잘한다! 화내라, 화! 좀더 무섭게 화를 내 봐!"

이렇게 말하는 사람은 아무도 없을 거야. 모두들 "화내지 마세요.", "화 푸세요.", "참으세요." 하고 말하잖아. 아무래도 사람들 머릿속에는 '화를 내면 안 됨' 이라는 생각이 꽉 박혀 있나 봐. 그런데 왜 화를 내면 안 될까?

친구가 심하게 놀리는데도? 내가 아끼는 책을 동생이 북북 찢었는데도? 누가 내 발을 툭 걸어 넘어뜨렸는데도? 정말 화가 머리끝까지 치솟는데도? 그런데도 화를 내면 나쁜 건가?

천만에! 화가 날 때 화를 내는 건 아주 당연한 거야.

기쁠 때 깡충깡충 뛰면서 "야호!" 하고 소리를 지르거나 슬플 때 눈물을 줄줄 흘리거나 엉엉 소리 내어 우는 것처럼 화를 내는 것도 자연스러운 감정 표현일 뿐이야. 억지로 숨기거나 꾹꾹 눌러 참아야 할 필요가 없다는 뜻이지.

물론 '화'는 그다지 기분 좋은 감정은 아니야. 하지만 우리가 평생 동안 살아가면서 기쁘고, 슬프고, 즐거운 감정을 느끼듯이 '화'도 끝까지 우리 곁을 졸졸 따라다니게 될 친구란다. 그렇기 때문에 우리는 이 '화'라는 친구와 잘 사귀어야 할 필요가 있는 거야.

우리는 '화를 참는 법'이 아니라 '화를 제대로 푸는 법'을 배워야 해. 그리고 지혜로운 화풀이를 배우기 위해서는 '화'에 대해 좀 더 잘 알아야 한단다.

002

"나 지금 화났어!" 라고 말하기

> 누구든 화를 낼 수 있다. 그것은 쉬운 일이다.
> 그러나 올바른 방법으로 화를 내는 것은 쉬운 일이 아니다.
> – 아리스토텔레스(고대 그리스의 철학자)

"너 화났니?"
"아니, 화 안 났어."
화 안 났다고 해 놓고 돌아서서 혼자 씩씩, 분을 삭인 적 있지?
화가 났을 때 꼭 해야 할 일은 바로 "나 화났어!"라고 말하는 거야. 그리고 왜 화가 났는지에 대해서 이야기하다 보면 조금씩 화가 난 원인을 찾아가게 되겠지? 그렇게 자신의 화에 대해 이성적으로 이야기하다 보면 화를 풀 방법을 찾을 수 있어.
반대로 화를 꾹꾹 참게 되면 어떻게 될까?
'화'는 마음의 독이라고 해. 마음의 독을 빼내지 않고 그대로 꾹꾹 쌓아 두면 몸에 독이 가득 차게 되겠지? 실제로 뉴질랜드의 어느 의과 대학에서 화를 참는 사람들을 조사해 봤더니 화를 표현하는 사람들보다 암이나 심장병, 고혈압에 걸릴 확률이 더 높은 것으로 나

타났대. 한 마디로 화를 참으면 건강에 아주 해롭다는 이야기야.

참, 잊지 말아야 할 것 한 가지!

내가 화났다는 것을 알리는 것과 상대방에게 마구 화풀이를 하는 것은 전혀 다른 행동이라는 사실! 화를 쌓아 두지 말라고 해서 마구 소리치거나 주먹질을 해도 된다는 뜻은 아니야.

그건 마음의 독을 진짜 독으로 만드는 것이니까 말이야. 화를 표현할 때에는 무엇보다 침착한 태도가 제일 중요해.

003
화났다고? 그럼 생각도, 말도, 행동도 모두 스톱!

> 분노는 무모함에서 시작하여 후회로 끝난다.
> – 피타고라스(고대 그리스의 수학자·철학자)

몽골 초원을 통일한 칭기즈칸은 사냥을 갈 때마다 매 한 마리를 데리고 다녔대. 아주 영리하고 충성스러운 매였다는군.

어느 날 사냥에서 돌아오는 길에 칭기즈칸은 목이 말라 샘물을 찾았어. 하지만 샘물은 바싹 말라 있었고 바위 틈으로 물이 한 방울씩 똑똑 떨어지고 있었어.

칭기즈칸은 작은 컵에 물방울을 한참 동안 받았지. 하지만 물을 마시려는 순간, 매가 쏜살같이 날아와 잔을 툭, 치고 날아가는 거야. 얼마나 화가 났겠어? 하는 수 없이 다시 물을 받았는데 이번에도 매가 잔을 툭 치고 달아나지 뭐야. 화가 머리끝까지 난 칭기즈칸은 칼을 휘둘러 매를 죽이고 말았어.

"에이, 위로 올라가서 샘물을 찾아봐야지."

아니, 그런데 이게 웬일이지? 바위 틈에 커다란 독사 한 마리가 죽어 있었던 거야.

칭기즈칸은 그제야 독이 든 물을 못 마시게 하려고 했던 매의 뜻

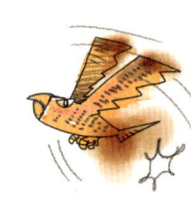

을 알게 되었어. 칭기즈칸은 죽은 매를 안고 엉엉 울며 이렇게 소리쳤대.

"앞으로 화가 났을 때는 어떤 결정도, 행동도 하지 않으리라!"

만일 칭기즈칸이 화가 가라앉기를 기다렸다면 어땠을까? '매가 왜 이럴까? 무슨 이유가 있겠지?' 하고 보다 합리적인 생각을 하지 않았을까?

화를 내면 사람들은 이성을 잃고 말아. 그래서 평소와는 전혀 다른 엉뚱한 판단을 내리기 쉽지. 심지어는 칭기즈칸처럼 어처구니없는 폭력을 휘두를 수도 있는 거야.

그러니까 화가 날수록 우리는 말과 행동을 잠시 멈추고 마음을 가라앉혀야 할 필요가 있어.

004 나에게 딱 맞는
화풀이 방법은?

> 분노를 억제하지 못하는 것은 수양이 부족한 표시이다.
> – 플루타르코스(고대 그리스의 철학자·저술가)

처칠 수상 알지? 제2차세계대전을 영국의 승리로 이끈 정치가 말이야. 처칠은 정치뿐만 아니라 유머도 뛰어났어.

어느 날 처칠의 비서가 신문을 들고 오더니 신문사를 욕하기 시작했어. 신문에 실린 만평 때문이었어. **만평에는 처칠을 '시거 피우는 불독'으로 묘사하고 있었지. 처칠을 험상궂은 개로 그려 놓았으니 얼마나 화가 났겠어?**

하지만 처칠은 껄껄 웃으며 이렇게 말했어.

"거참, 기막히게 잘 그렸군. 벽에 걸린 초상화보다 이 그림이 훨씬 나하고 닮았는걸? 이보게, 당장 저 초상화를 떼어 내고 이 그림을 붙여 놓게."

처칠은 화나는 일이 있을 때마다 특유의 유머로 웃어넘겼대. 이 유머 가득한 한 마디로 인해 처칠은 자신감과 여유, 그리고 자기를 미워하는 사람마저 끌어안을 수 있는 포용력을 동시에 보여

친구들과 신나게 땀 흘리며 운동하기!

준 셈이지. 우리도 자신에게 딱 맞는 멋진 화풀이 방법을 연구해 볼까?

동네 한 바퀴 걷기

의학적으로 사람은 몸을 움직일수록 기분이 좋아진대. 걷기로도 모자라면 땀이 날 정도로 뛰어 보면 어떨까?

아무도 없는 곳에서 있는 힘껏 소리 질러 보기

화가 나서 심장이 쿵쿵 뛴다면 숨쉬기 운동으로 다스려 볼 것.

스케치북을 펼쳐 놓고 제멋대로 그림 그려 보기

그림은 마음을 다스리는 최상의 도구!

이 상황을 어떻게 하면 웃기게 묘사할 수 있을까 생각해 보기

잠시 개그맨이 되자!

내가 제일 좋아하는 사람 떠올리기

그 사람은 이럴 때 어떻게 행동할까?

하나부터 열까지 천천히 세어 보기

그래도 화가 나면 거꾸로 열부터 하나까지 세기!

거울 쳐다보기

아니, 이게 내 얼굴이야? 화가 나니까 정말 흉하네!

나에게 딱 맞는 멋진 화풀이 방법은 뭘까?

005

화날수록 시간을 벌어라

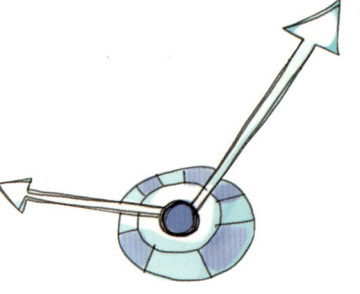

> 화났을 때 자신에게 하루만 시간을 주십시오.
> 그것이 너그러운 사람이 되는 비결입니다.
> – 앤드류 카네기(카네기철강회사의 설립자)

어느 날 '강철왕' 카네기가 라디오 방송에 출연한 적이 있었어. 그런데 며칠 뒤 어느 청취자가 카네기를 마구 비난하는 내용의 편지를 보내 왔대.

카네기는 너무 화가 났어. 오랫동안 쌓아온 명성에 먹칠을 당하는 기분이었지. 그래서 씩씩거리며 당장 답장을 쓰기 시작했어. 온갖 비난과 경멸을 고스란히 편지에 쏟아 놓은 거야.

다음 날 아침, 카네기는 자기가 쓴 편지를 다시 읽어 보고는 얼굴이 빨개지고 말았대.

'아, 내가 이렇게 속좁고 거만한 사람이었다니!'

그러고는 마음을 가라앉히고 다시 편지를 쓰기 시작했어. 귀한 충고를 해 주어서 고맙다는 내용과 더불어 '당신은 내 인생에 있어 가장 좋은 친구로 기억에 남을 것입니다.'라는 말도 빼먹지 않았지. 한 마디로 사랑이 가득 찬 내용이었어.

　그 뒤로 카네기는 화가 나는 일이 있을 때마다 늘 하루가 지난 다음 다시 생각해 보는 습관을 가지게 되었대.

　이처럼 화난 감정을 추스르는 데에는 어느 정도 시간이 걸려. 처음 화가 나기 시작할 때는 오직 분노만이 내 마음을 가득 메우지. 하지만 시간이 지나면 내 몸 안에서 분노를 달래는 에너지가 나오게 돼. 바로 '이성'과 '자각'이란 에너지 말이야.

　이성과 자각의 에너지는 마치 엄마가 아기를 달래듯 화나는 감정을 달래며 우리를 다시 평온한 상태로 만들어 준단다.

006

나는 화를 어떻게 내는 유형일까?

> 화낼 줄 모르는 사람은 바보다.
> 그러나 화내지 않는 사람은 현명한 사람이다.
> – 장자(중국의 사상가)

화를 전혀 낼 줄 모르는 친구를 본 적 있어? 또 툭하면 화부터 내는 친구는? 그럼 웬만해선 화를 잘 내지 않는 친구도 있겠지? 사람마다 성격이 다르듯이 화를 내는 데에도 몇 가지 다른 유형들이 있어. 그럼 나는 어떤 유형인지 알아보자.

확, 불길처럼 타오르는 야심가형

툭하면 화내는 친구가 바로 이런 유형이야. 열정이 많다 보니 경쟁심도 강하고 남에게 지는 것도 못 참아. 또 누굴 쉽게 미워하기도 하고, 쉽게 화를 내기도 해.

이런 유형은 숨을 크게 내쉬거나 조용히 생각하는 습관을 가져야 해. 그렇지 않으면 언제 어디서나 불처럼 확 타올라 걷잡을 수 없이 행동할 수 있을 테니까 말이야.

으~, 또 성질이야~.

내가 누군지 알아!

도무지 속을 알 수 없는 '내 탓이오!' 형

화를 낼 줄 모르는 사람들이 바로 이런 유형이야. 이런 사람들은 정말 화가 나는 일이 있어도 그냥 속으로 '내 탓이야. 다 내 잘못이야.' 하고 화를 꾹꾹 누르며 참고 말아.
이런 유형은 누구보다 스트레스를 많이 받아 건강을 해치기 쉽단다.

물처럼 잔잔하고 부드러운 평화주의자형

화를 잘 내지 않는 사람들이 바로 이런 유형이야. 이런 사람들은 성격이 부드럽고 온순하며 남들과 경쟁하는 것을 그다지 좋아하지 않아. 화가 날 때에도 감정을 확 터뜨리기보다는 문제를 어떻게 해결해야 할지에 대해서 곰곰이 생각하곤 해. 상대방과의 좋은 관계를 위해서 지혜롭게 화를 풀어야 한다는 것을 알고 있으니까 말이야.

남의 탓으로 돌리는 건 아주 곤란해!

> 소인은 모든 일을 남의 탓으로 돌리고,
> 군자는 모든 일을 자기 탓으로 돌린다.
> – 공자(중국의 사상가·유교의 시조)

어니스트 섀클턴은 남극 탐험의 위대한 영웅 중 한 명이지. 섀클턴이 스물여덟 명의 대원들과 함께 얼음 벌판을 헤매고 있을 때의 일이야. 어느 날 대원들끼리 서로 화를 내며 다투는 모습을 본 섀클턴은 전 대원들을 한 자리에 불러 놓고 말했어.

"1913년, 캐나다 탐험대가 북극 탐험을 하다 우리처럼 얼음 벌판과 빙산에 둘러싸이고 말았지. 그들은 어떻게 됐을까?"

모두들 침을 꿀꺽 삼켰지.

"대원들 중 열한 명이 북극에서 죽고 말았다. 얼음 벌판에 버려지자 그들은 서로에게 책임을 미루고 화를 내기 시작했지. 살기 위해서 힘을 모아도 힘든 상황에서 적이 되었기 때문에 결국 죽음을 맞이한 것이다."

대원들은 아무 말도 할 수 없었어. 섀클턴은 그들에게 소리쳤어.

"하지만 우린 달라. 한 명도 빠짐없이 살아 남을 테니까."

그 후로 섀클턴의 탐험대는 최악의 상황에서도 결코 대원들끼리 화를 내거나 다툰 적이 거의 없었대. 동상에 걸려 발이 썩어 가는 상황에서도 마치 한 가족처럼 서로에게 힘과 용기를 주었다지 뭐야.

섀클턴이 말한 대로 전 대원은 지옥 같은 남극에서 극적으로 살아 남았어. 그리고 이 기록은 남극 탐험 역사상 가장 위대한 생존 드라마로 남게 된 거야.

화났을 때 우리가 제일 많이 하는 말은 뭘까? 바로 "너 때문이야!"라는 말이 아닐까?

화가 난 까닭을 자꾸 주변에서 찾거나 주위 사람들 탓으로만 돌리면 화는 점점 더 커질 뿐이야. 하지만 저마다 화가 난 원인을 남이 아니라 내 안에서부터 찾는다면 화는 더 이상 주변으로 퍼지지 않을 거야.

008

화를 다스릴수록
인격은 쑥쑥 자란다

> 복수할 때 인간은 상대방과 같은 수준이 된다.
> 그러나 자신을 다스릴 때 그는 상대방보다 위에 있게 된다.
> – 프란시스 베이컨(영국의 철학자 · 정치가)

흑인 인권 운동의 아버지인 마틴 루터 킹 목사가 젊은 시절 신학 대학에서 공부할 때의 일이야. 전교에서 흑인 학생이라고는 대여섯 명밖에 없을 때였지. 백인 학생들은 틈만 나면 흑인 학생들을 깔보고 놀려 대곤 했어.

그러던 어느 날 백인 학생의 기숙사 방을 누가 엉망으로 만들어 놓는 사건이 벌어졌어. 화가 나서 참을 수가 없었던 이 백인 학생은 다짜고짜 몽둥이를 들고 마틴의 방으로 쳐들어왔어.

"마틴, 네놈 짓이지? 네가 내 방을 난장판으로 만든 거지? 널 가만 두지 않겠어!"

흑인이라는 이유만으로 무조건 의심하고 막무가내로 달려들었던 거야. 마틴이 얼마나 화가 났겠어? 하지만 마틴은 침착하게 생각했어.

'내가 주먹을 휘두르면 나뿐만 아니라 우리 학교 흑인 학생들 모두가 곤욕을 치르겠지?'

마틴은 낮고 침착한 목소리로 이렇게 말했어.

"이봐, 난 네가 원래부터 이렇게 폭력적인 사람이라곤 생각하지 않아. 너도 화가 나니까 이렇게 달려온 거겠지? 하지만 잘 생각해 봐. 나쁜 일이면 뭐든지 흑인들 탓으로 돌리는 건 잘못된 생각이야. 그래도 화가 나면 날 쳐. 하지만 나 하나로 끝내야 해."

과연 백인 학생이 마틴에게 몽둥이를 휘두를 수 있었을까? 천만에. 그 학생은 이 사건 이후로 마틴의 인격을 높이 여기며 존중하게 되었대.

어때? 몽둥이를 들고 뛰어들어온 백인 학생과 마틴의 인격 차이를 느낄 수 있겠지? 화를 참지 못하고 다짜고짜 몽둥이를 들고 뛰어들어온 백인 학생은 인격적으로 아직 미숙한 사람이었어. 그런데 만일 마틴이 그 학생과 엎치락뒤치락 싸웠다면 어떻게 됐을까? 마틴 역시 백인 학생과 조금도 다를 바 없는 미숙한 사람으로 남았겠지?

009

관용보다 멋진 화풀이는 없다!

항상 너그러워야 한다.
남을 이롭게 하는 것은 자기를 새롭게 하는 것이다.
— 채근담

'비폭력주의'의 성자인 간디는 매일 같은 시간에 같은 길로 산책을 하곤 했어. 그런데 그 때마다 옥상에서 웬 영국 남자가 오물을 쏟아 붓는 거야. 영국 남자는 일부러 간디에게 오물을 쏟아 부었던 거야. 와, 정말 화가 안 날 수 없는 상황이잖아.

하지만 간디는 화를 내기는커녕 고개 들어 위를 쳐다보지도 않았어. 그런데 하루는 웬일인지 오물이 쏟아지지 않았대. 매일같이 쏟아지던 오물이 안 쏟아지니까 오히려 이상했지. 간디는 그제야 처음으로 고개를 들었어.

'무슨 일이 생긴 게 틀림없어.'

후닥닥 이층으로 뛰어올라가 보니 영국 남자가 혼자 심하게 앓고 있었지 뭐야. 간디는 곧장 의사를 불러 왔어. 치료가 다 끝나자 의사가 말했어.

"휴우, 다행입니다. 조금만 늦었어도 목숨을 건지기 힘들었을 겁니다."

    결국 간디가 영국 남자의 생명을 구한 거야. 매일같이 오물 세례를 당한 사람이 오히려 오물을 쏟던 사람을 살려 낸 거야.

    오물을 뒤집어쓰고도 화를 내기는커녕 바보처럼 매일 똑같은 시간에 똑같은 곳을 걸으며 계속 그런 수모를 당하는 간디가 어리석게 느껴지니?

    간디는 도대체 어떤 생각을 했던 걸까?

    그는 매일 매일 오물을 뒤집어쓰면서 마치 의식을 치르듯이 영국 남자를 용서하고, 자신을 다스렸던 거야.

    내게 상처를 입히고 분노를 느끼게 한 사람을 과연 용서할 수 있을까? 쉽지 않은 일이야. 하지만 누군가에게 넓은 마음으로 관용을 베풀어 본 사람은 오히려 마음에 평화가 찾아온다는 사실을 알게 돼. 그래서 세상의 모든 심리학자들은 용서야말로 화를 푸는 최고의 방법이라고 말한단다.

먼저 손을 내밀면 두 사람의 화가 한꺼번에 풀린다!

너그러운 마음씨는 사나운 혀를 고쳐 준다.
- 호메로스(고대 그리스의 작가)

어린이날을 만든 방정환 선생님이 일본에서 유학 생활을 할 때였어. 고국에서 독립 운동을 한 적이 있었기 때문에 어딜 가나 일본 형사들의 미행을 당해야 했지. 그 중에 한 형사는 나이가 꽤 많았대.
어느 날 방정환은 그 형사를 하숙방으로 불러 차를 대접하더니, "나이 드신 분이 젊은 학생을 감시하려니 얼마나 고생이 많으십니까? 오늘은 아무 데도 안 나가고 방에서 쭉 책만 볼 테니 안심하시고 어디 가서 좀 쉬도록 하세요."
하고 말했어.
늙은 형사는 깜짝 놀랐단다. 매일같이 젊은 조선인 학생을 미행하다 보니 몸도 힘들고 화도 났었거든. 하지만 상대방이 오히려 자기를 염려해 주니까 마음이 한순간에 풀린 거야. 그 뒤로 늙은 형사는 비가 오는 날이면 우산을 들고 방정환을 마중 나오기까지 했대.

방정환은 자기를 미행하는 일본 형사에게 분노하

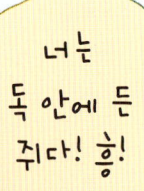

너는 독 안에 든 쥐다! 흥!

기보다는 자기가 먼저 너그럽게 마음을 열어 보인 거야. 방정환의 따뜻한 말 한 마디가 자기 자신은 물론 늙은 형사의 가슴에 있던 '화'까지 한꺼번에 풀 수 있었던 거지.

사람들은 화가 날 때 오로지 화나는 감정 하나밖에 없다고 생각해. 하지만 그 순간에도 우리 마음 속 깊은 곳에는 사랑과 이해, 그리고 용서하는 마음이 잔잔하게 흐르고 있단다. 그 따뜻하고 긍정적인 감정을 끌어 내는 것이 중요해. 그런 긍정적인 마음이야말로 우리를 분노의 감정에서 벗어날 수 있게 하는 힘이야.

011
화를 풀어 주는 질문, 화를 잠재우는 표현

> 분노는 바보들의 가슴 속에서만 살아간다.
> – 아인슈타인(미국의 물리학자)

'운명 교향곡'으로 잘 알려진 베토벤! 그는 장애를 이겨 낸 위대한 작곡가야.

어느 날 베토벤에게 이상한 증세가 나타나기 시작했어. 귀가 잘 들리지 않게 된 거야. 증상은 갈수록 악화되더니 마침내 소리를 거의 들을 수 없게 되었대.

베토벤은 믿을 수가 없었지. 음악가가 소리를 들을 수 없다니! 베토벤은 화가 나서 미칠 지경이었어.

'이 젊은 나이에, 그것도 음악가에게서 소리를 빼앗아 가다니! 왜 나에게 이런 시련을 주는 거야!'

그 때부터 베토벤은 세상 모든 것들을 미워하고 저주하기 시작했어. 하지만 그러면 그럴수록 자신은 더욱더 절망 속으로 빠져들기만 했지.

그러던 어느 날 베토벤은 생각을 바꿔 보았어. 그 전까지는 '왜 나에게 이런 시련이 닥쳤을까?'라는 질문만 했었잖아.

그리고 그 질문 뒤에는 늘 분노가 뒤따르곤 했지.

하지만 베토벤은 질문을 이렇게 바꿔 봤어.

"내가 이렇게 화낸다고 뭐가 달라질까? 귀가 멀었다고 작곡을 할 수 없는 건 아니잖아?"

그랬더니 놀라운 일이 생겼어. 새로운 깨달음이 찾아온 거야.

'그래 맞아! 하느님은 거짓된 소리를 듣지 못하도록 내 귀를 멀게 하신 거야. 이제부터 내 가슴 속에서 들려 오는 순수한 소리를 음악으로 표현하라는 계시인 거야.'

마침내 베토벤은 다시 펜을 들고 오선지에 음표를 적기 시작했어. 오랫동안 분노와 절망으로 가득 찼던 가슴이 시원하게 뚫리는 것 같았지. 그 이후 베토벤이 작곡한 곡들은 영원한 명작으로 오늘날까지 사랑 받고 있어. 질문 하나가 운명을 바꾼 셈이지.

012

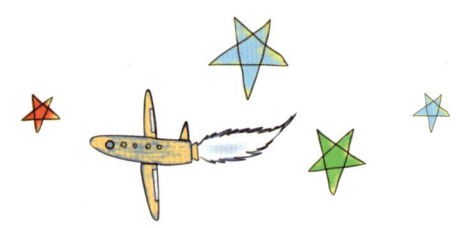

'화나는 고속도로'를 막아라!

> 만일 좋은 습관을 들이기 위해 노력하지 않으면
> 자기도 모르는 사이에 좋지 못한 습관을 지니게 된다.
> – 디어도어 루빈(미국의 정신분석학자)

어느 도전자가 챔피언을 상대로 권투 경기를 할 때였어. 그런데 도전자는 싸울 생각은 하지 않고 챔피언의 주먹을 요리조리 피해 다니며 히죽히죽 웃기만 하는 거야.

챔피언은 약이 올라 주먹을 마구 휘두르며 도전자를 거칠게 몰아붙이기 시작했어. 그러는 사이 챔피언은 점점 지쳐가고 있었지. 바로 그 순간, 도전자는 공격을 퍼붓더니 순식간에 챔피언을 다운시켰어. 경기가 끝난 뒤 그는 기자들에게 이렇게 말했단다.

"챔피언은 상대방이 웃는 걸 못 참는 편이에요. 다른 선수들과 싸울 때도 늘 똑같은 상황에서 화를 내곤 했죠. 그리고 화를 내는 순간 그는 판단력을 잃곤 했답니다. 저는 바로 그 점을 노렸고 마침내 그를 이길 수 있었던 것입니다."

결국 도전자는 상대방의 화내는 습관을 이용해서 승리를 얻은 거야. 살아가는 일에 있어서도 마찬가지야. 내가 화를 내는 순간 상대

화나는 고속도로에 꽃도 심고! 나무도 심고!

잔디에 들어가지 마세요.

으아~
고속도로 괴물이다!

방에게 지고 있다는 사실, 그리고 '화내는 습관'을 가진 사람은 쉽게 약점을 들킨다는 사실을 잊어선 안 돼.

화내는 것을 반복할수록 우리 마음에는 '화'가 지나는 길이 점점 넓어져서 뻥 뚫린 고속도로처럼 되고 만단다.

화내는 습관을 고치고 싶다면 이렇게 해 봐.

조용한 시간에 책상 앞에 앉아 노트와 연필을 꺼낸 후 '나는 이럴 때 화가 난다.'라고 써 봐. 그리고 생각나는 대로 적어 보는 거야. 그 옆에는 제일 좋아하는 것들을 써 봐. 그리고 다음에 화가 날 때면 내가 좋아하는 것들을 곧바로 떠올려 봐. '화나는 고속도로'에 꽃도 심고 나무도 심어서 길을 가로막는 거야. 이런 작은 노력들이 쌓이다 보면 어느 날 마음 속에서 화내는 습관이 조금씩, 조금씩 사라질 거야.

마 / 음 / 훈 / 련

화를 잘 다스리는 사람이 되려면?

화가 났을 때 어떻게 행동하는가에 따라 그 사람의 인격이 드러나게 돼.

매일 매일 팔굽혀펴기를 하면 팔에 근육이 생기고 힘도 강해지듯이 우리 마음도 마음 공부를 통해 멋지게 단련시킬 수 있어.

특히 '화'를 잘 다스리는 훈련은 마음 공부에서도 아주 중요한 부분이야. 그렇다면 어떻게 훈련해야 화를 잘 다스릴 수 있을까?

화가 날 때를 대비해서 가장 우습고 재미있는 기억을 떠올려 보자

화가 날 때는 오직 '화나는 감정'에만 휩싸여서 아무 생각도 못하게 돼. 하지만 화가 날수록 다른 생각을 하면 화나는 감정을 누그러뜨릴 수가 있어. 그 때를 대비해서 가장 즐겁고 웃긴 일들을 준비해 두는 거야.

하루 10분, 내가 제일 좋아하는 사람을 떠올려 보자

사랑에 빠진 사람은 누구나 선해진다고 해. 세상이 아름답게 느껴지고 모든 것에 감사하는 마음이 생긴다는 거야. 하루에 10분 동안 좋아하는 사람을 생각하는 것만으로도 화내는 습관은 점점 약해질 거야.

잠들기 전, 잠시라도 나를 되돌아보자

오늘 하루, 나는 얼마나 화를 냈나? 화를 잘 다스렸다면 좋은 일이지만 만일 화를 터뜨린 날이라면 잠들기 전에라도 마음을 가라앉히고 차분하게 자기 행동을 되돌아 봐. 기분 나쁜 감정을 그대로 안고 잠들면 다음 날도 역시 우울하게 시작해야 하니까.

나만의 행복 노트를 만들자

사람들은 대부분 자기가 얼마나 행복한지 잘 모르고 살아간단다. 오늘부터 나만의 행복 노트를 만들어 조금씩 채워 가는 거야. 아주 사소한 것이라도 좋으니까 '나를 행복하게 하는 것들'을 적어 봐. 노트가 다 채워질 때쯤이면 깜짝 놀랄 거야. '아, 내가 이렇게 행복한 사람이었구나!' 하고 말이야.

#2

부끄러움과 두려움

013 시작해 봐, 부끄러움과의 한 판 대결!
014 부끄러워? 잘 따져 보고 당당해져 봐
015 숨기지 마, 숨기면 점점 더 부끄러워져
016 어두운 부끄러움을 밝은 부끄러움으로
017 너는 이 세상에 하나밖에 없는 소중한 존재야
018 어두운 구석 자리를 박차고 한가운데로 나가 봐
019 칭찬은 부메랑이야
020 두려움이란 무엇일까?
021 위험해? 무서워? 그렇다고 고개 돌리지 마
022 너무 완벽해지려고 하지 마
023 두려움을 키우는 말, 두려움을 없애는 말
024 두려움은 다리를 건너라는 신호야
마음 훈련 _ 부끄러움도, 두려움도 다 생각하기 나름

013

시작해 봐, 부끄러움과의 한 판 대결!

> 부끄러움을 모르는 것은 부끄러운 일이다.
> – 아우구스티누스(고대 로마의 사상가)

"아, 창피해! 쥐구멍에라도 들어가고 싶어!"

사람들은 부끄러우면 갑자기 얼굴이 화끈 달아오르고, 어딘가로 숨고 싶고, 목소리가 한없이 기어들어가잖아. 얼른 시간이 지나갔으면, 그리고 사람들이 빨리 잊어 줬으면, 하고 간절히 빌게 되지.

그런데 왜 부끄럽지? 무작정 부끄러워할 게 아니라 부끄러운 이유부터 차근차근 살펴보자.

우선 꼭 알아 두어야 할 게 있어. 다른 사람도 나처럼 무언가 부끄러워서 숨기고 싶은 것이 있다는 사실이야. 누구는 코가 못생겨서, 누구는 가난해서, 또 누구는 공부를 못해서, 누구는 몸이 약하거나 너무 뚱뚱해서……. 맞아, 부끄러움은 누구나 느끼는 감정이야.

사실 정말로 문제가 되는 건 오히려 부끄러움을 느끼지 못하는 거야. 잘못을 저지르고도 부끄러운 줄 모르는 것이 더 나쁜 일이지. 하지만 어떤 부끄러움은 날이 갈수록 나를 괴롭히고 점점 주눅 들게 만들기도 해. 쉽게 떨쳐 낼 수 없는 이런 '부끄러움'을 사람들은 '열등감'이라고 부른단다.

열등감이란 자기 자신을 남보다 훨씬 못하다고 생각하는 감정이야. 열등감은 처음에는 아주 작은 부끄러움이었다가 시간이 지나면서 점점 크고 강해져서 나중엔 나를 완전히 옭아매고야 만단다. 그렇게 되면 우리는 살아가는 동안 끝없이 열등감에 시달리게 되고 자신감도 잃게 돼. 게다가 더 안 좋은 건 열등감 때문에 훨씬 더 자주, 더 많이 부끄러움을 타게 될 수도 있다는 사실이야. 이러면 정말 곤란해.

이제부터 우린 더 이상 부끄러움의 노예가 되지 말아야 해. 그러기 위해서는 부끄러움과 한 판 대결을 벌여야겠지? 우리에겐 부끄러움을 이겨 낼 만한 힘이 충분히 있으니까.

014

부끄러워?
잘 따져 보고 **당당해져 봐**

> 인간은 누구나 하느님의 피조물이다.
> 누구나 각각 신성한 불멸의 힘을 갖고 있다.
> – 간디(인도의 지도자)

'내가 제일 부끄러워하는 게 뭘까?'

못생긴 얼굴? 가난? 성적? 운동? 아니면 남 앞에서 늘 수줍어하는 성격? 어떤 것이든 좋아. 언제나 그 생각만 하면 부끄러워서 움츠러드는 바로 '그것'에 대해서 생각해 봐.

'조명 효과'란 말이 있어. 무슨 말이냐 하면 무대 위에서 조명을 받는 배우처럼 '남들이 지금 나만 보고 있을 거라는 착각'을 뜻하는 말이야. 하지만 그건 완전한 착각이야. 나를 보고 있는 건 오직 '나'뿐이야. 다시 말해서 나 자신을 부끄러워하는 건 나뿐이란 뜻이야.

내가 부끄럽게 생각하는 것이 사실 남들 눈에는 아무것도 아닌 경우가 많단다. 그런데도 나 혼자 매일같이 부끄러워한다면 그건 정말 우스운 일이겠지?

사실 우리가 알고 있는 인기 스타나 위대한 인물

들 중에도 엄청난 부끄럼쟁이들이 많아. 하지만 모두들 자기 마음 속에서 부끄러움을 털어 내고 당당하게 우뚝 섰잖아.

나에게 없는 것, 남보다 못한 것만 생각하다 보면 점점 움츠러들게 돼. 하지만 나만이 갖고 있는 것, 내가 잘할 수 있는 것만 생각하면 점점 자신감이 생길 거야. 부끄러움을 몰아내는 가장 큰 무기는 바로 자신감이야, 자신감!

숨기지 마, **숨기면** 점점 **더 부끄러워져**

정직만큼 풍부한 재산은 없다.
- 셰익스피어(영국의 극작가)

미국의 흑인들이 가장 존경하는 두 사람이 있어. 한 사람은 마틴 루터 킹 목사이고, 또 한 사람은 말콤 엑스라는 사람이야. 두 사람 다 흑인들의 권리를 위해서 평생을 바쳤단다. 킹 목사가 '사랑'과 '비폭력주의'로 평화롭게 인권 운동을 했다면 말콤 엑스는 보다 적극적으로 싸웠다고 할 수 있어.

말콤 엑스는 어릴 때부터 백인들을 몹시 증오했대. 그런데 참 이상하게도 마음 속으로는 오히려 백인을 닮고 싶어했다는 거야. 그래서 비누며 하얀 크림을 사다가 까만 피부에 문지르기도 하고, 또 흑인 특유의 곱슬곱슬한 머리카락을 곧게 펴려고 독한 약을 바르기도 했어. 겉으로는 백인을 미워하면서도 속으로는 자신이 흑인이란 사실을 몹시 부끄러워했던 거야.

그러던 어느 날 말콤 엑스는 아무리 애를 써도 백인이 될 수 없다는 사실을 깨달았어. 그리고 자기 자신을 부끄러워하고, 또 그런 부끄러움을 자꾸 숨기려 할수록 더욱더 부끄러워질 뿐이라는 사실을 깨닫게 된 거야. 그래서 그 후로 '나는 자랑스러운 흑인이다!' 라고

나는 자랑스런 흑인이다. 검은 것이 아름답다!

말콤X

생각하기 시작한 거야.

"그래, 새까만 흑인도 얼마든지 아름다울 수 있어!"

그 때부터 **말콤 엑스는 '검은 것이 아름답다.' 라는 말을 유행시키기 시작했단다. 더 이상 흑인이라는 사실을 부끄러워하지 않았고, 또 검은 피부를 숨기지도 않았어.** 오히려 "그래, 나는 흑인이고, 그게 정말 자랑스럽다!"라고 외친 거야.

사람들은 부끄러움, 혹은 열등감을 꼭꼭 숨기고 싶어해.

하지만 그러면 그럴수록 마음 속에서는 부끄러움이 점점 커지고, 그만큼 솔직하지 못한 사람이 되고 말아. 부끄러움을 이겨 내는 방법은 딱 하나야. 바로 용기를 내서 진실을 말하는 것!

말콤 엑스가 그랬듯이 부끄러움을 솔직하게 외칠 수 있어야 해. 그럼 부끄러움은 점점 힘을 잃고 결국 사라지게 된단다.

여기는 미국

016

어두운 부끄러움을 밝은 부끄러움으로

남 앞에서 부끄러워하는 사람과
자기 앞에서 부끄러워하는 사람 사이에는 커다란 차이가 있다.
– 탈무드

미켈란젤로는 르네상스 시대를 대표하는 위대한 화가야. 미켈란젤로는 어린 시절 미술 수업을 받다가 옆에 앉은 친구에게 말실수를 한 적이 있어.

"야, 피에트로! 그림이 그게 뭐냐? 넌 키 크고 힘만 셌지 그림 솜씨는 아주 형편없구나!"

그러자 피에트로는 화가 나서 주먹을 날렸어. 미켈란젤로는 코피가 터지고 코뼈가 푹 내려앉았지 뭐야. 안 그래도 못생긴 얼굴에 코까지 납작해졌으니 이를 어째? 미켈란젤로는 못생긴 자기 얼굴이 너무 부끄러웠어. 그래서 혼자 작업실에만 틀어박혀 지내곤 했어.

'그 때 피에트로를 놀리지만 않았어도 코가 이렇게 되진 않았을 거야. 내가 왜 그랬을까?'

미켈란젤로는 자기보다 그림 실력이 좀 못하다고 피에트로에게 비아냥거렸던 행동이 몹시 부끄러웠어. 그 뒤로 미켈란젤로는 자신의 열등감을 작품으로 달랬어.

'그래, 난 못생겼어. 하지만 내가 만든 작품은 세상에서 가장 아름다울 거야.'

비록 자기 얼굴은 못생기기 짝이 없지만 작품만큼은 최고로 아름답게 만들기로 결심한 거야.

미켈란젤로에게는 두 가지 부끄러움이 있었어. 못생긴 얼굴을 싫어하다못해 스스로 절망에 빠지게 한 '어두운 부끄러움'과 자기 행동을 뒤돌아보게 만들고, 잘못을 깨닫게 해 준 '밝은 부끄러움'이야.

더 나아가 미켈란젤로는 '어두운 부끄러움'마저 '밝은 부끄러움'으로 바꿔 버렸단다. 못생긴 얼굴을 한탄하기보다는 세상에서 가장 아름다운 작품으로 극복했잖아.

017

너는 이 세상에 하나밖에 없는 소중한 존재야

나는 내 운명의 주인이요, 나는 내 마음의 선장이다.
- 윌리엄 어니스트 헨리(영국의 시인)

미국의 영화감독 스티븐 스필버그 알지? 〈쥐라기 공원〉, 〈인디아나 존스〉, 〈우주 전쟁〉 같은 흥행 영화를 수도 없이 만들어 낸 천재 감독 말이야.

그런데 스필버그는 어릴 때 친구들한테 놀림을 많이 받았대. 왜냐고? 스필버그는 유태인이었거든. 유태인들은 어딜 가나 따돌림을 당하곤 했어. 스필버그는 자기가 유태인이란 사실이 그렇게 부끄러울 수 없었어.

"엄마, 왜 난 유태인으로 태어난 거야? 애들이 막 놀리잖아."

그 때 엄마가 이렇게 말했어.

"스티븐, 우리가 유태인이란 사실을 부끄러워할 필요는 전혀 없단다. 왜냐 하면 유태인들은 수많은 세월 동안 괴롭힘을 당해 왔지만 이렇게 꿋꿋하게 살고 있잖니? 너도 언젠가는 유태인이란 사실을 자랑스럽게 여길 때가 올 거야."

그리고 스필버그는 커 가면서 조금씩 달라졌어. 친구들 앞에 잘

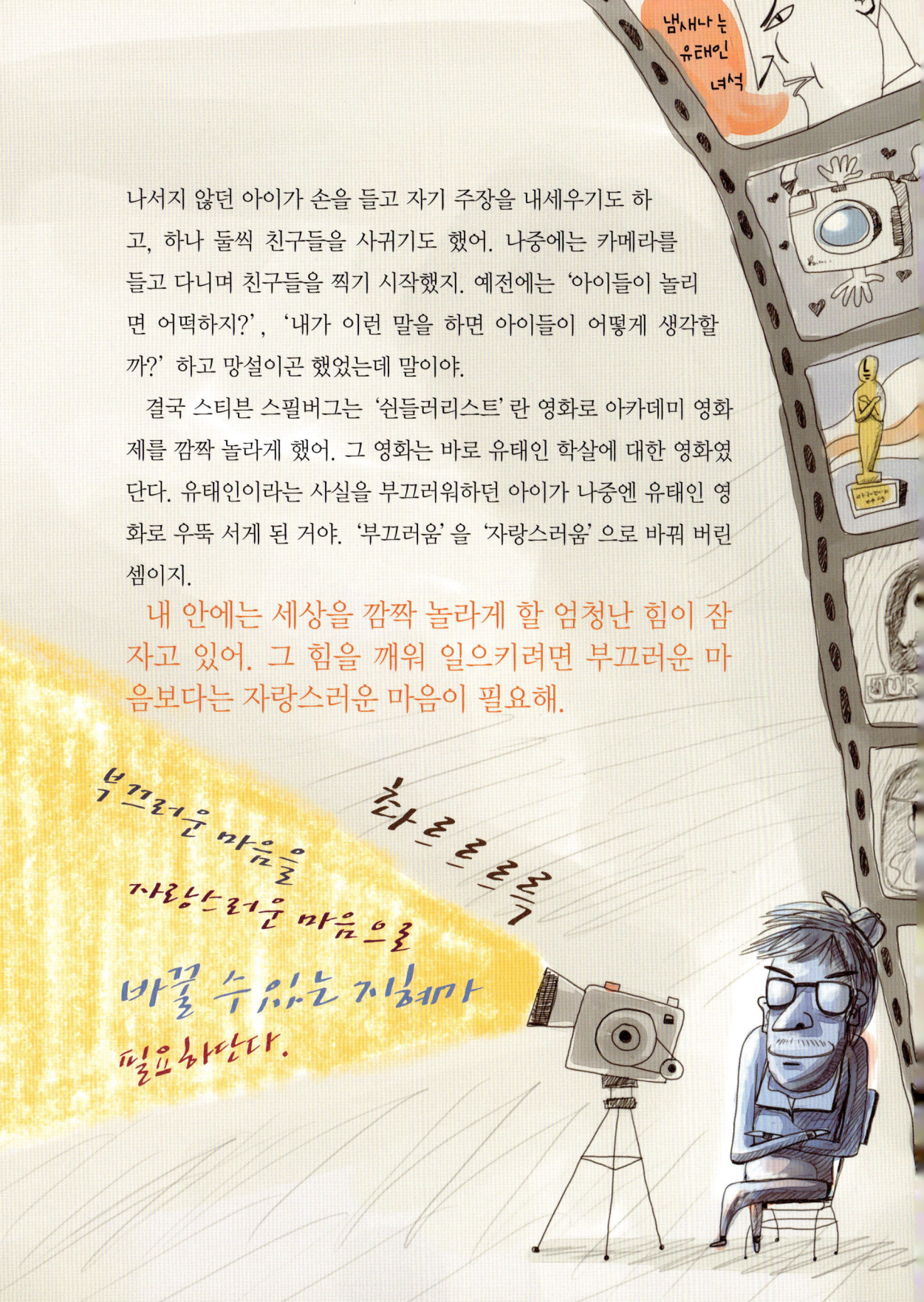

나서지 않던 아이가 손을 들고 자기 주장을 내세우기도 하고, 하나 둘씩 친구들을 사귀기도 했어. 나중에는 카메라를 들고 다니며 친구들을 찍기 시작했지. 예전에는 '아이들이 놀리면 어떡하지?', '내가 이런 말을 하면 아이들이 어떻게 생각할까?' 하고 망설이곤 했었는데 말이야.

결국 스티븐 스필버그는 '쉰들러리스트'란 영화로 아카데미 영화제를 깜짝 놀라게 했어. 그 영화는 바로 유태인 학살에 대한 영화였단다. 유태인이라는 사실을 부끄러워하던 아이가 나중엔 유태인 영화로 우뚝 서게 된 거야. '부끄러움'을 '자랑스러움'으로 바꿔 버린 셈이지.

내 안에는 세상을 깜짝 놀라게 할 엄청난 힘이 잠자고 있어. 그 힘을 깨워 일으키려면 부끄러운 마음보다는 자랑스러운 마음이 필요해.

부끄러운 마음을 자랑스러운 마음으로 바꿀 수 있는 지혜가 필요하단다.

018

어두운 구석 자리를 박차고
한가운데로 **나가 봐**

너 자신을 다스려라. 그러면 세계를 다스릴 것이다.
— 중국 속담

빌 게이츠 알지? 전세계 컴퓨터에 '윈도우즈'라는 프로그램을 깐 세계 최고의 갑부 말이야.

그런데 빌 게이츠는 어릴 때부터 언제나 놀림을 받곤 했대. 수줍음을 잘 타던 빌은 작은 키에 두툼한 뿔테 안경을 끼고 늘 구석자리에만 앉아 있곤 했어.

하지만 언제까지나 그렇게 구석자리에 숨어 있기만 한 건 아니야. 학교에 컴퓨터가 들어오자마자 제일 먼저 달려가 자리를 차지했거든. 그리고 컴퓨터 프로그램이라는 미지의 세계를 향해 미친 듯이 파고들기 시작한 거야. 때로는 학교에 몰래 숨어 들어가서 밤새도록 컴퓨터를 공부하기도 했지. 빌은 더 이상 수줍음 타는 샌님이 아니었어. 누구보다 뜨거운 열정을 가진 도전자가 된 거야.

빌은 친한 친구 에드먼드에게 이렇게 말하기도 했대.

"고만고만한 잔디가 되느니 차라리 민둥산에 홀로 솟은 상수리나무가 되겠어. 잔디는 하나같이

똑같아서 개성이 없지만 상수리나무는 하늘 높이 자라기 때문에 머리를 들고 쳐다봐야 하거든."

결국 그렇게 됐지? 오늘날 빌 게이츠를 모르는 사람은 없으니까 말이야.

부끄럽고 자신감이 없는 사람은 어딜 가도 항상 어두운 구석자리에 말없이 앉아 있곤 해. 그런데 계속 그런 자리에 앉아있다 보면 어떻게 될까? '아무도 날 알아 주지 않는구나. 난 정말 쓸모 없는 사람인가 봐.' 그러면서 점점 더 어둡고 구석진 자리를 찾게 되는 거야.

하지만 용기를 내서 밝고 환한 중앙 자리를 차지해 보면 어떨까? 처음엔 많이 떨릴 거야. 모두들 나만 바라보는 것 같고, 어디선가 수군수군 나를 놀릴 것만 같겠지. 그래도 꾹 참고 자리를 지켜야 해. 그렇게 하루, 이틀 지내다 보면 그 자리가 점점 자연스럽게 느껴질 거야.

자신감 없는 사람은 언제나 어두운 구석 자리만 찾지.

밝고 환한 곳으로 자신의 자리를 찾아보자고!

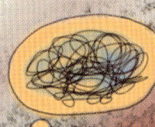

난 정말 쓸모 없는 사람

019

칭찬은 부메랑이야

> 칭찬은 고래도 춤추게 한다.
> – 케네스 블랜차드(경영컨설턴트·작가)

영국의 유명한 극작가인 버나드 쇼는 뛰어난 유머로 사람들을 즐겁게 하곤 했어. 자기 묘비명에조차 '우물쭈물하다 내 이럴 줄 알았지.'라고 써 넣을 정도로 유머와 위트가 넘치는 인물이었지.

하지만 어린 시절 버나드 쇼는 지나칠 정도로 내성적인 아이였대. 스스로도 이렇게 고백했지.

"내가 얼마나 겁 많고 내성적인 사람이었는지 모르실 겁니다. 사실 나는 불쌍할 정도로 부끄러움을 많이 타는 사람이었습니다. 너무 주눅이 들어서 친구들과 어울리는 방법조차 전혀 모르고 살았지요."

그러던 어느 날 버나드 쇼는 곰곰이 생각해 봤어.

'한 번뿐인 인생을 이렇게 바보같이 살아야 하나?'

마침내 그는 변하기로 마음먹었어. 그러고는 밖으로 나가 자기 자신을 알리기로 결심했단다. 만나는 사람마다 미소를 머금고 먼저 인사하고는 상대편을 칭찬하기 시작한 거야.

"옷차림이 참 근사하군요. 정말 멋집니다!"

"오늘 아주 좋은 일이 있나 보군요. 얼굴이 참 보기 좋습니다."

물론 처음에는 그런 말을 하기가 무척 어려웠지. 하지만 꾹 참고 사람들을 칭찬했어. 그랬더니 어떤 변화가 생겼을까?

　사람들은 버나드 쇼를 만나면 늘 활짝 웃으며 기뻐했어. 그리고 언제부터인가 수많은 사람들이 그를 따르기 시작했단다. 그 후 버나드 쇼는 영국 최고의 달변가, 시인, 극작가로 우뚝 설 수 있게 되었단다. **상대방을 칭찬하고, 행복하게 해 주었더니 그 칭찬과 행복이 모두 자신에게 되돌아온 거야.**

　친구 사귀기를 두려워하거나 너무 수줍어서 사람들 앞에 나서기 힘들다면 먼저 가장 가까운 사람들부터 한 마디씩 칭찬해 봐. 그럼 '나'와 '너'의 관계에 큰 변화가 생긴단다.

020 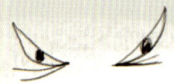 두려움이란 무엇일까?

> 정말 두려워해야 할 것은 두려움 그 자체이다.
> – 프랭클린 루즈벨트(미국의 대통령)

"난 세상에서 고양이가 제일 무서워."
"나는 사람들 앞에 서서 이야기하는 게 제일 두려워."
"혼자서 여행하는 일은 정말 두렵기 짝이 없어."

이 세상에는 우리를 두렵게 하는 것이 정말 많아. 아무리 용감한 사람이라고 해도 남모르는 두려움이 꼭 있게 마련이야. 두려움이 없는 사람은 없어. 다만 마음 속의 두려움을 이겨 내는 사람과 이겨 내지 못하는 사람이 있을 뿐이야.

그런데 뭔가를 두려워하게 되면 어떤 일이 벌어질까?

두려움은 제일 먼저 우리의 몸과 마음을 꽁꽁 묶어 놓는단다. 그래서 항상 부정적이고 소극적으로 행동하게 돼. 두려움을 많이 느끼는 사람들은 늘 이렇게 말해.

"세상엔 위험한 일이 너무 많아. 그러니까 얌전히 틀어박혀 있는 게 제일 좋아."

"새로운 시도를 해 보라고? 그러다 실패하면 어떡하라고?"

한 마디로 두려움 속에 갇혀 지내는 사람은 할 줄 아는 일도 줄어들게 되고 그만큼 즐거움도, 재미도 누릴 수 없어. 우리 모두 자신을 옭아매는 두려움을 이겨 내야만 해. 그러자면 나를 두렵게 하는 게 무엇인지 그것부터 제대로 알아야 해.

두려움은 종류가 아주 많단다. 동물이나 귀신을 두려워할 수도 있고, '다른 사람들이 나를 어떻게 생각할까?' 하는 두려움도 있을 거야. 또 '내가 가진 것들을 죄다 잃어버리진 않을까?', '내가 이 일을 제대로 해낼 수 있을까?' 등등 아주 많아.

잠시 눈을 감고 '내가 제일 겁내는 건 뭘까?' 하고 생각해 봐. 그리고 이렇게 물어 봐. '어떻게 하면 이 두려움을 이겨 낼 수 있을까?' 하고 말이야.

두려움을 하나씩 이겨 나갈수록 우린 점점 멋지고 자유로운 사람으로 커 간다는 사실을 잊지 마!

위험해? 무서워?
그렇다고 고개 돌리지 마

> 사람은 달아나기 때문에 두려운 것이지,
> 두려워하기 때문에 달아나는 것이 아니다.
> – 윌리엄 제임스(미국의 철학자)

〈톰 소여의 모험〉, 〈허클베리 핀의 모험〉을 쓴 미국의 작가 마크 트웨인이 어렸을 때의 이야기야. 어느 날 엄마와 함께 길을 가는데 험상궂게 생긴 마부가 채찍으로 말을 때리고 있는 거야. 말은 곧 죽을 것처럼 비명을 질러 댔어.

그런데 마부가 워낙 무섭게 생겨서 아무도 말리지 못하는 거야. 그 때 누군가 마부의 손에서 채찍을 휙 낚아챈 거야.

마크는 깜짝 놀랐어. 왜냐고? 채찍을 빼앗은 사람은 바로 자신의 엄마였거든. 엄마는 우락부락한 마부를 향해 차분하고 당당하게 말했어.

"이제 더 이상 채찍질을 하지 마세요. 말이 죽고 나면 당신은 지금보다 훨씬 더 괴로워할 거예요. 마음을 가라앉히세요. 그리고 이 말이 당신에게 얼마나 고마운 존재인지 한번 생각해 보세요."

모두들 조마조마했겠지? 마부가 어떻게 나올까 하고 말이야. 그

런데 놀랍게도 마부는 아주 공손해지더니 조용히 말을 끌고 가 버렸대. 사람들은 엄마의 용기에 박수를 쳤어.

집으로 돌아올 때 마크가 물었어.

"엄마는 그 마부가 안 무서웠어?"

그러자 엄마는 이렇게 말했어.

"나도 굉장히 무서웠단다. 하지만 두렵다고 해서 그냥 외면할 수는 없었어. 무서울수록 고개를 들고 똑바로 쳐다볼 수 있어야 해. 그게 두려움을 이기는 유일한 방법이란다."

마크의 엄마처럼 **두려움을 이기기 위해서는 제일 먼저 '똑바로 쳐다보기'가 필요해.** 물론 그건 정말 힘들고 두려운 일이야. 하지만 그 두려움을 이겨 내겠다고 마음먹었다면 더 이상 고개를 돌리거나 도망쳐서는 안 된단다.

022

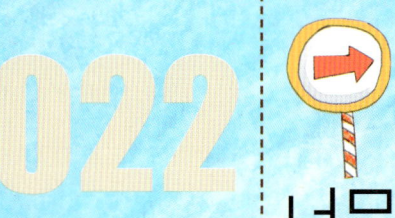

너무 **완벽**해지려고 **하지 마**

> 신만이 완벽할 뿐이다. 인간은 완벽을 소망할 뿐이다.
> – 괴테(독일의 문학가 · 정치가)

이런 친구를 한번 상상해 봐.

시험을 보면 무조건 1등을 해야 하고, 그림도 제일 잘 그려야 하고, 운동도 뭐든지 잘해야 한다고 믿는 친구 말이야.

"난 이 일을 누구보다 완벽하게 해내야만 해!"

"한 치의 실수도 용납할 수 없어!"

이렇듯 모든 일에 있어서 빈틈없이 완벽해야 한다고 생각하는 사람들을 '완벽주의자'라고 해.

그런데 이런 완벽주의자들은 그만큼 두려움을 많이 느낀단다. 왜냐고? 모든 일이 완벽해야 하기 때문에 약간의 실수조차도 두려운 거야.

이런 사람들은 아주 사소한 실수도 용납하지 못하고 자기 자신을 비난하는 버릇이 있어. 그런 마음이 점점 심해지면 자기 자신을 점점 못난 사람으로 여기게 돼. '고작 이것밖에 못해? 난 정말 쓸모 없는 녀석이야.' 하고 자신을 다그치다 보니 점점 자신감이 없어지는 거야. 결국 어떤 일을 하건, 또 어떤 사람을 만나건 두려움이 생기게 된단다.

'이 일을 완벽하게 못하면 어쩌지?', '저 사람이 날 우습게 보면 어쩌지?' 하고 말이야.

사실 누구에게나 마음 속에 완벽해지고 싶은 본능이 있어. 하지만 완벽해지고 싶은 생각이 들 때마다 마음을 편하게 가질 필요가 있단다. 실수 좀 하면 어때? 1등 못 하면 어때?

절대로 실수하지 않는 사람은 아무 일도 하지 않는 사람뿐이라는 말도 있잖아? 사람은 누구나 실수를 하고, 또 그 실수를 깨달으며 조금씩, 조금씩 발전해 가는 거야.

023

두려움을 키우는 말, 두려움을 없애는 말

> 훌륭한 말은 훌륭한 무기이다.
> – 토머스 풀러(영국의 작가)

"세계 일류의 팀이 되길 원한다면 더욱 강력한 팀과 싸워 나가야 한다. 질 때 지더라도 두려움을 떨쳐내고, 배우고자 하는 자세로 그들과 일대일로 부딪쳐야 한다."

2002년 한일월드컵 당시 우리 대표팀을 이끌었던 히딩크 감독이 한 말이야. 히딩크 감독은 참 많은 명언을 남겼어.

"역사를 만들어 보자!"라며 우리 선수들뿐만 아니라 국민들에게 까지 자신감과 희망을 불어넣어 주곤 했지.

그런데 히딩크 감독이 처음 우리 대표팀을 맡았을 때 제일 힘들었던 게 바로 '두려움'이었대.

"한국의 축구 관계자들이나 선수들은 실패와 변화를 두려워했다. 이것을 극복하는 것이 가장 힘들었다."

맞아. 그 때만 해도 모두들 '우리가 과연 유럽 선수들을 이길 수 있을까?' 하는 두려움을 갖고 있었거든. 또 선수들은 실수가 두려워서 제대로 경기를 지배하지 못했어. 그래서 히딩크 감독은 선수

들이 실수를 해도 "괜찮아, 괜찮아! 누구나 실수할 수 있어!"라며 격려해 주곤 했대. 그래서 선수들은 점점 두려움을 털고 멋진 경기를 할 수 있게 된 거야.

히딩크 감독은 말을 참 잘했어. 그냥 말솜씨가 좋다는 게 아니라 '두려움을 없애고 용기를 주는 말'을 잘했다는 뜻이야.

사실 우리가 무심코 쓰는 말 한 마디, 한 마디가 두려움을 더 커지게 하기도 하고, 또 없애 주기도 해. 앞으로는 이제까지 버릇처럼 사용하던 나쁜 표현과는 반대되는 표현, '두려움을 없애는 표현'을 써 보는 거야.

두려움은 다리를 건너라는 신호야

겁이 많고 주저주저하는 인간에게는 모든 것이 불가능하다.
– 월터 스코트(영국의 시인·작가)

혹시 '세 마리 염소'라는 동화 알아?

어느 풀밭에 아빠염소, 엄마염소, 아기염소가 살았어. 그런데 염소 가족은 다리 건너편에 아주 맛있는 풀이 자라고 있는데도 도무지 건너갈 수가 없었어. 왜냐 하면 다리 밑에 굉장히 무서운 괴물이 있었거든.

하지만 세 마리 염소는 용기를 내서 하나 둘씩 다리를 건넜어. 아빠염소는 더 이상 무서워하지 않고 괴물을 커다란 뿔로 들이받기까지 했지. 그래서 다들 새로운 풀밭에서 마음껏 풀을 뜯어 먹고 살 수 있게 되었어.

세 마리 염소처럼 사람들에겐 누구나 자기만의 '괴물'이 있어. 또 누구에게나 건너고 싶지만 무서워서 도저히 건너지 못하는 '다리'가 있어. 어떤 사람들은 평생 다리를 못 건너서 맛없는 풀만 뜯어 먹으며 살고, 또 어떤 사람들은 용기를 내어 다리를 건너 마침내 새롭고 멋진 세상을 만나게 된단다.

두려움은 '도망치라는 신호'가 아니라 '다리를

건너라는 신호'야. 두려움을 이겨 내고 어서 다리를 건너 행복을 거머쥐라는 신호 말이야.

세 마리 염소는 어떻게 그런 용기를 낼 수 있었을까? 아마 새로운 풀밭에서 맛있는 풀을 뜯어 먹는 상상을 했기 때문일 거야. 그렇게 매일매일 행복한 상상을 하다 보니 점점 용기가 생겨났던 거야.

비록 지금 눈앞의 두려움이 나를 짓누르고 있어도 그 두려움을 이겨 낸 뒤의 내 모습을 상상해 봐. 그렇게 계속 상상하다 보면 저절로 용기가 생겨난단다. 두려움은 점점 작아지고 자신감이 커지는 거야. 자, 바로 그 때 '다리'를 건너 봐! 용기 있게 달려가는 거야!

두려움을 건너면 행복이 있다!

마 / 음 / 훈 / 련

부끄러움도, 두려움도 다 생각하기 나름

부끄러움, 수줍음, 열등감도 지나치면 모두 두려움으로 변하게 돼. 두려움은 사람을 꽁꽁 묶어 놓기 때문에 무슨 일을 해도 늘 소극적이고, 남들 뒤만 졸졸 따라다니게 돼. 부끄러움도, 두려움도 마음먹기에 따라서 얼마든지 이겨 낼 수 있어. 그럼 몇 가지 방법을 따라 해 볼까?

하루에 열 번씩 자신에게 좋은 말을 해 주자

가장 중요한 것은 '나를 제대로 사랑하는 법'을 배우는 거야. 나만이 갖고 있는 것, 남들이 따라할 수 없는 특별한 점을 찾아서 가꿔 나가며 날마다 나 자신에게 칭찬을 해 봐. 또 나를 사랑한다고 말해 봐. 처음엔 어색할지 몰라도 자꾸 하다 보면 점점 나 자신이 자랑스러워진단다.

남과 나를 비교하지 말자

심리학자들은 나보다 잘난 사람과 나를 비교하는 것은 물론, 나보다 못한 사람과 나를 비교하는 것조차도 정신 건강에 좋지 않다고 말한단다. 나보다 못한 사람과 나를 비교해서 우월감을 느끼는 사람은 나보다 잘난 사람과 나를 비교하면서 그만큼 열등감에 빠지기도 쉽다는 거야. 남과 나를 비교할수록 '남들의 눈'으로 자기 자신을 바라보게 된단다.

아주 작은 두려움부터 하나씩 없애 보자

오랫동안 지녀오던 두려움을 하루아침에 없앨 수는 없어. 커다란 두려움일수록 몰아내는 데 시간이 걸려. 두려움이 크면 클수록 조각조각 내서 조금씩 없애는 게 좋아. 만일 사람들 앞에서 이야기하는 걸 두려워한다면 우선 가족들 앞에서 말하는 연습부터 해 봐. 그리고 다음 날은 친척들 앞에서, 또 다음 주에는 친구들을 모아 놓고 말해 보는 거야.

Mind
sadness

sa

and ha

… # #3

슬픔과 기쁨

025 슬픔은 마음을 잘 다스리라는 신호야
026 슬픔으로부터 도망치지 마
027 눈물은 힘이 될 수 있어
028 슬플수록 멋쟁이가 되어 봐!
029 눈물 대신 땀을 흘려!
030 기쁨도 슬픔도 내가 선택하기 나름이야
031 웃음, 그 마법의 힘을 아니?
032 기쁨은 돌아오는 법
033 세상을 아름답게 만드는 기쁨 바이러스
034 한 마디 말로 운명을 바꿀 수도 있어
035 슬플수록 꿈을 키워야 해
036 세상에서 제일 행복한 곳 만들기
마음 훈련 _ 슬픔도 기쁨도 지혜롭게 다스려 보자

025
슬픔은 마음을 잘 다스리라는 신호야

> 지나간 슬픔에 새 눈물을 낭비하지 말라.
> – 에우리피데스(고대 그리스의 작가)

누구나 마음에 상처를 입으면 기분이 울적해지고 또 눈물이 나면서 슬픔을 느끼게 돼.

슬픔은 너무 괴롭기 때문에 다들 슬픔을 피하고 기쁨만 누리고 싶어한단다. 하지만 슬픔이 무조건 나쁜 것이라고 생각하면 곤란해. 왜냐 하면 슬픔이 우리에게 가르쳐 주는 것도 참 많거든. 사람들은 슬픔을 잘 다스리고, 또 잘 극복해서 인격적으로 성숙해지기도 해. 또 나중에 훨씬 더 큰 기쁨과 행복을 누리기도 한단다.

하지만 슬픔을 잘 극복하지 못하면 그만큼 더 괴로울 수밖에 없어. 슬퍼하는 동안에는 기쁨과 행복이 들어올 자리가 없잖아. 똑같이 슬픈 일을 겪고도 어떤 사람은 잘 극복해서 다시 활짝 웃으며 지내는데, 어떤 사람은 시간이 흘러도 계속 슬퍼하기만 해.

왜 그럴까? 그건 슬픔을 이겨 내는 방법을 찾지 못해서야. **슬픔은 자기를 이겨 내는 사람에게서는 금방 도망가지만, 계속 부둥켜안고 어쩔 줄 몰라 하면 그 사람을 계속 슬프게 한단다.**

그렇다면 어떻게 하면 슬픔을 극복할 수 있을까?

가장 먼저 나에게 슬픔을 안겨 준 사건을 받아들이는 자세가 필요해. 만일 아끼던 강아지가 죽었다면 그 사실을 인정해야 한다는 뜻이야. "아니야, 믿을 수 없어! 이건 꿈이야!" 하고 고개를 저으며 외면할수록 슬픔은 계속 내 곁에 머무를 수밖에 없어. 빨리 현실을 인정하고 내 안에 들어 있는 슬픔을 밖으로 끄집어 내야 해.

그리고 슬픔이 줄어든 그 자리에 새로운 생각, 새로운 감정을 채워 넣어야 해. 작은 슬픔부터 하나씩 이겨 내는 연습을 하다 보면 점점 큰 슬픔도 이겨 낼 수 있는 마음의 힘이 생길 거야.

026

슬픔으로부터 도망치지 마

> 현실을 응시하라. 슬픔을 직시하라.
> – 김시습의 〈금오신화〉 중에서

아인슈타인 이후 최고의 물리학자로 불리는 스티븐 호킹 박사는 젊은 나이에 루게릭병이란 불치병을 앓게 되었어. 의사들은 길어야 2, 3년밖에 못 살 거라고 생각했단다. 그 때부터 호킹 박사는 방 안에 틀어박혀 지냈어. 아무도 안 만나고 절망과 슬픔 속에서 오로지 죽음만을 기다리며 살았던 거야.

그러던 어느 날이었어. 창 틈으로 햇살이 들어오고 밖에선 새소리가 들려 왔지. 호킹 박사는 문득 자기 자신을 돌아보게 되었어. 이 절망과 슬픔을 낳게 한 '현실'을 있는 그대로 바라보기 시작한 거야. '죽음'에 대해서도 더 이상 피하지 않고 진지하게 생각해 봤어. 그랬더니 이상하게도 마음 깊은 곳에서부터 뭔가 다른 감정이 솟구쳤어.

'어쨌든 난 아직 살아 있잖아? 그래, 최후의 순간이 닥치기 전까지는 여전히 희망이 있는 거야. 내가 왜 이렇게 바보같이 굴었지? 살아 있는 동안은 무엇이든 가치 있는 일을 해야 할 게 아닌가?'

　자신이 처한 끔찍한 현실을 똑바로 쳐다보기로 한 거야.
　무조건 슬픔으로부터 도망치는 게 아니라 오히려 슬픔을 정면으로 바라보기로 했어. 그랬더니 그 슬픔이 생각했던 만큼 크고 엄청난 게 아니라는 생각이 들었어. 슬픔을 이겨 낼 수 있다는 용기까지 생겼지.
　다음 날 호킹 박사는 꼭꼭 닫아 걸었던 문을 활짝 열고 나왔어. 그리고 그만두었던 논문을 다시 쓰기 시작했지. 스티븐 호킹은 그 때 다시 태어난 거야.
　만일 스티븐 호킹이 끝없이 슬픔으로부터 도망치고 우울한 감정 속에만 머물렀다면 그런 용기는 생기지 않았을 거야. 슬픈 감정이 들 때마다 솔직하게 표현해 봐. 마음 속에서부터 끄집어 내 보란 말이야. 그럼 슬픔은 점점 힘을 잃게 된단다.

027
눈물은 힘이 될 수 있어

> 눈물은 아무리 막으려 해도 흘러내린다.
> 또한 흘러내림으로써 영혼을 진정시킨다.
> – 세네카(고대 로마의 철학자)

꼭 이기고 싶은 경기에서 나의 실수로 팀이 패배한다면 얼마나 속상할까? 운동 선수들은 그런 슬픔을 수도 없이 경험하곤 한단다.

지난 41회 대통령배 전국 고교 야구대회 때 서울고등학교와 광주제일고등학교의 경기에서 서울고등학교의 투수 이형종은 9회 말에 동점을 허용했어. 결국 아쉽게 패배한 뒤 마운드에 주저앉아 눈물을 흘렸단다.

그런데 바로 그 장면이 TV 중계로 생생하게 비쳤어. 전국의 야구 팬들이 그 눈물을 보았겠지? 그런데 이상하게도 승리는 광주일고가 차지했는데 사람들은 패배한 서울고, 아니 투수 이형종 선수에게 기립 박수를 보냈어. 진정한 명승부, 감동적인 경기를 보여 준 그 순수한 스포츠 정신에 갈채를 보낸 거야.

그리고 이형종 선수는 그렇게 눈물을 쏟아 낸 뒤에 더욱더 노력해 팀의 에이스로 우뚝 서게 되었어.

그래 맞아, 눈물은 힘이 될 수 있어. 슬플 때나 기쁠 때, 또 아플 때나 화가 날 때 사람들은 눈물을 흘려. 그 중에서도 슬플 때 나오는 눈물은 정말 참기가 힘들단다. 그럴 땐 눈물이 흐르면 흐르는 대로 내버려 둬야 해. 눈물을 참으면 건강에도 좋지 않대. 눈물을 마음껏 쏟아 내고 나면 슬픔도, 가슴의 통증도 사르르 녹아 내린단다.

"실컷 울고 났더니 좀 시원한 것 같아."

사실 의학적으로도 눈물은 슬픔을 느끼게 하는 나쁜 물질을 밖으로 내보내는 역할을 한대. 그래서 사람들은 일부러 슬픈 영화를 보러 가기도 하잖아. 그러니 눈물을 참는다는 건 정말 어리석은 짓이야.

그렇다고 시도 때도 없이 눈물을 펑펑 쏟아 내란 말은 아니야. 의미 있는 눈물이야말로 너를 발전시키는 큰 힘이 되는 거니까.

028

슬플수록 멋쟁이가 되어 봐!

슬픔을 이겨 내지 못하는 사람은 늘 슬프다.
– 셰익스피어(영국의 극작가)

코코 샤넬은 20세기를 대표하는 패션 디자이너야. 제1차세계대전이 벌어졌을 때 샤넬은 파리를 떠나 '도빌'이라는 곳에 의상실을 열었어. 그 곳은 피난민들이 넘쳐났고, 모두들 전쟁터에 나간 남편이나 아들을 걱정하며 슬픔에 잠겨 있었지. 샤넬은 바로 그런 상황에서 의상실 문을 열고 옷을 만들기 시작한 거야.

그런데 어떤 옷을 만들어야 했을까? 전쟁 중에 슬픔에 빠진 사람들에게 도대체 새로운 의상이 필요하기나 한 것일까? 샤넬은 고민에 빠졌어.

'사람들은 슬픔에 잠겨 꼼짝도 하지 않고 있어. 새로운 옷을 입어야 해. 보다 활동적이고 단순하며 세련된 옷을 입어야 해.'

샤넬은 짧고 단순하면서도 활동적인 옷을 만들었어. 거추장스러운 레이스는 다 뜯어 내고 가능한 한 움직이기 편하면서도 아름답고 세련된 옷을 만든 거야.

사람들은 샤넬이 만든 옷을 입고 거리를 활보하기 시작했어. 적극적으로 사람들을 만나고, 웃고, 기뻐하며 희망을 품기 시작한 거야. 이전까지 '도빌'의 거리는 어둡고 우중충하기만 했는데 이제 그 어느 도시보다 환한 분위기가 넘쳐 흘렀어. 도무지 전쟁 중이라는 생각이 안 들 정도로 말이야.

　대부분의 사람들은 슬프고 우울한 일이 있으면 옷차림에 별로 신경을 안 쓰게 된단다. '옷차림? 그게 다 무슨 소용이람?' 하고 말이야. 하지만 그렇지 않아. 사람들은 슬픔에 잠겨 있는 사람, 우중충한 사람을 좋아할 리가 없어. 그럼 기분은 점점 더 나빠지고 슬픔도 더 커지기만 할 뿐이야.

　슬플수록 옷차림이나 스타일을 환하고 세련되게 바꿀 필요가 있어. 또 사람들도 많이 만나고 이야기도 많이 나눠 봐. 그럼 내 안에 있던 슬픔도 점점 힘을 잃게 돼. '아, 이 사람에게는 슬픔이 오래 머물 수 없구나.' 하고 슬슬 꽁무니를 빼게 될 거야.

029

눈물 대신 땀을 흘려!

> 슬픔의 유일한 치료법은 행동이다.
> – G.H. 루이스(영국의 철학자·문예비평가)

"즐겁게 춤을 추다가 그대로 멈춰라!"

이게 무슨 소리냐고? 사람들은 갑자기 슬픔이 닥치게 되면 너나 할 것 없이 그대로 뚝 멈춰 버린다는 이야기야.

슬픔이란 건 우리 몸의 힘을 쏙 빼놓는 성질이 있나 봐. 슬픈 일이 생기면 사람들은 대부분 문을 꼭꼭 닫고 방 안에 틀어박히기 일쑤야. 커튼도 치고 불도 끄고 어두컴컴하게 해 놓은 다음 슬픈 음악을 틀어 놓은 채 훌쩍거린단 말이야. 그럼 어떻게 될까? 이렇게 슬픔을 자기 안에 꼭꼭 가둬 두면 점점 더 커지기만 할 거야.

중국의 어느 스포츠 의류 광고에서는 운동화에 트레이닝복을 입은 누나들이 펄쩍펄쩍 뛰어다니는 장면과 함께 이런 자막이 흐른단다.

'눈물 대신 땀을!'

정말 멋진 광고 문구야. 아마 이 광고를 만든 사람은 알고 있었을 거야. 슬픔을 치료하는 데에는 무엇

보다 '움직임'이 필요하다는 사실을 말이야.

 슬픈 감정이 들수록 집 안에 틀어박혀 있으면 안 돼. 무조건 밖에 나가 봐. 산도 좋고, 운동장도 좋아. 달리기를 하거나 등산을 하거나 자전거를 타는 거야. 그렇게 정신없이 몸을 움직이면 땀이 난단 말이야. 몸에서 땀이 나면 상쾌해지고 개운해지면서 자신감까지 생겨.

 그러면 내 마음을 가득 채우고 있던 슬픔이 조금씩 자리를 양보하기 시작한단다.

030

기쁨도 슬픔도 내가 선택하기 나름이야

> 우리가 진정 원하는 것은 '느끼는 방법'을 바꾸는 것이다.
> – 앤서니 라빈스(작가·카운슬러)

식당에 가면 메뉴를 보고 음식을 고르잖아. "난 돈가스.", "난 만두." 하고 말이야. 그런데 음식 메뉴처럼 내가 느끼고 싶은 기분도 고를 수는 없을까?

"난 슬픈 게 싫어. 기쁨을 선택할래.", "나도 우울한 건 싫어. 즐거운 기분을 느끼고 싶어." 하고 말이야.

쉽진 않겠지만 마음먹기에 따라서 기분도 고를 수 있단다.

주변을 둘러보면 똑같이 기분 나쁜 일을 당해도 언제나 웃는 사람이 있어. **늘 즐거운 일만 생각하는 사람, 늘 긍정적이고 기뻐할 준비가 되어 있는 사람은 똑같은 상황도 '기쁨'에 맞춰서 보려고 한단다.**

하지만 반대로 늘 우울해하고, 매사에 부정적이며 툭하면 슬퍼할 준비부터 되어 있는 사람은 '슬픔'에 맞춰서 보려고 하겠지? 똑같은 상황이 닥쳐도 이런 사람은 '기쁨'보다는 '슬픔'이라는 반응을 선택한다는 거야.

사실 우리는 자신의 '감정'을 스스로 선택할 수 없다고 믿곤 해. 슬픔이건 기쁨이건 나 자신의 의지와는 상관없이 밖에서 주어지는 거라고 믿는 거야.

하지만 그렇지 않아. 만일 내가 지금 기쁜 상태라면 그것은 나 스스로 '기쁨'의 감정을 선택했기 때문이야. 반대로 슬픔 역시 자신의 선택으로 정해진 결과야.

스스로 즐거워질 수 있는 방법을 찾아야 해. 그런 방법을 어떻게 찾으면 될까? 아주 간단해. 자신을 기쁘게 할 수 있는 목록을 적어서 곧바로 실천하는 거야.

웃음, 그 마법의 힘을 아니?

웃음은 보약보다 좋다.
- 허준의 〈동의보감〉 중에서

혹시 '웃음 효과'란 말 들어 본 적 있어?

오늘날 세계의 수많은 의사들이 웃음의 의학적 효력을 인정하고 있어. 그 어떤 약으로도 못 고치는 병을 웃음 하나로 고쳤다는 거야. 미국의 헌터 아담스라는 의사는 '약'이나 '수술'보다는 '웃음'과 '기쁨'으로 더 많은 환자들을 치료했대. 패치 아담스라는 영화로도 유명한 이 의사는 흰 가운에 청진기를 드는 대신 우스꽝스런 피에로 복장을 하고 다니며 환자들을 웃겼다지 뭐야.

오늘날 미국의 기업에서는 직원들에게 웃음을 선사하기 위해 웃음 전문가를 고용하기도 한대. 한 시간에 1만 불이라는 거금을 주면서 말이야. 그 돈이 하나도 아깝지 않은 건, 직원들이 실컷 웃고 난 다음에 업무 효율이 엄청나게 좋아지기 때문이지.

웃음의 효과에 대해서 좀더 말해 볼까?

웃음은 혈압을 낮추고 심장 박동을 늦추어 난폭한 성질이나 짜증을 다스리는데 효과가 있어. 그리고 웃음은 기분을 좋게 하는 엔도르핀을 만들어 내기 때문에 스트레스도 몰아 낼 수 있지. 실제로 언제나 기뻐할 줄 알고 낙천적인 사람은 그렇지 않은 사람보다 수명이 훨씬 더 길다는 조사 결과도 있어. 그래서 이런 말이 생길 정도야.
'마을에 한 명의 익살꾼이 있으면 약을 가진 스무 명의 의사보다 사람들을 더 건강하게 할 수 있다.'
좋았어. 그럼 우리 집부터 그렇게 만들어 보는 건 어떨까?

032 기쁨은 돌아오는 법

> 누군가를 기쁘게 해 주면 내가 기뻐지고,
> 누군가를 괴롭히면 내가 괴로워진다.
> – 법정 스님

코미디의 황제라 불리는 찰리 채플린이 젊은 시절 철공소에서 일할 때였어.

하루는 사장이 채플린에게 부탁을 했어.

"이봐, 찰리. 가서 빵 좀 사다 줘."

채플린은 곧장 가게로 달려갔단다. 그리고 잠시 후 빵 봉투를 들고 와서 사장에게 내밀었어. 그런데 봉투 안에는 맛있는 포도주도 한 병 들어 있었지 뭐야.

"찰리, 이 포도주는 뭐지?"

그러자 채플린이 말했어.

"사장님께서는 늦은 밤에 일을 끝낸 뒤에 늘 포도주를 즐겨 드시더군요. 그런데 마침 포도주가 다 떨어진 것 같아서 사 왔습니다."

"이렇게 고마울 데가! 정말 고마워, 찰리!"

사장은 그 뒤로 채플린을 전혀 다른 태도로 대했어. 물론 월급도 올려 줬지.

찰리의 행동은 어떻게 보면 아주 사소한 친절이야. 하지만 다른 사람에 대한 따뜻한 관심이 없다면 이런 사소한 친절도 베풀 수 없단다. 찰리는 어릴 때부터 이렇게 남들을 기쁘게 해 주는 방법을 잘 알고 있었던 거야.

　기쁨은 돌아오는 법이야. 남을 기쁘게 하면 그 기쁨이 다시 내게로 돌아온단다.

　매일매일 남을 기쁘게 해 줄만한 일들을 조금씩 실천해 봐. 그리고 그 때 느끼는 기쁨을 다른 사람들에게도 가르쳐 주렴. 세상이 점점 밝아질 거야.

세상을 아름답게 만드는 기쁨 바이러스

슬픔은 나누면 반으로 줄지만 기쁨은 나누면 배로 는다.
– 존 레이(영국의 박물학자)

사람은 원래 기쁨을 나누고 싶어하는 본능이 있어. 기쁨을 나누면 더 커진다는 걸 본능적으로 알고 있는 셈이지. 2002년 월드컵 때 우리 대한민국 축구 대표팀이 기적적으로 4강에 올랐을 때, 전국의 거리 곳곳에 사람들이 떼지어 몰려 나와 환호성을 질렀어. 그 사람들은 왜 우르르 몰려 나왔을까? 자기 집에서 TV 앞에 앉아 만세를 불러도 되는데 말이야.

그건 바로 기쁨을 함께 나누고 싶었기 때문이야.

혼자서 TV를 보더라도 우리 팀이 골을 넣었을 때 집집마다 만세소리가 터져 나오면 기쁨이 두 배로 커지게 돼. 그래서 사람들은 밖으로 뛰쳐나와 기쁨을 함께 나누며 점점 더 큰 기쁨을 누리고 싶어하는 거야.

그럼 슬픔은 어떨까? **슬픔도 함께 나누면 두 배로 커질까? 천만에! 슬픔은 함께 나누면 반으로 줄어들어.** 친구가 슬픔에 잠겨 있을 때 혼자 내버려 두지 말고 곁에 앉아서 그 아픔을 함께 나눠 봐. 친구가 느끼고 있던 슬픔의 무게가 반으로 줄게 돼. 그래서 사람들은 장례식처럼 슬픈 행사에 꼭 참석해서 유족들과 슬픔을 나누는 거란다.

이렇듯 기쁨이나 슬픔은 여럿이 함께 할수록 좋아. 혼자가 아니라는 느낌, 이웃과 함께 기뻐하고, 함께 슬퍼하며 살아가고 있다는 사실을 깨닫는 것은 아주 중요한 일이야.

친구들과 함께 다 같이 기뻐할 수 있는 일이 무엇일지 늘 생각해 봐. 아주 사소한 기쁨도 다 같이 나누면 큰 기쁨으로 변할 테니 말이야.

슬픔을 나누면 반으로 줄고
기쁨을 나누면 두 배로 커진다.

034

한 마디 말로 운명을 바꿀 수도 있어

> 칭찬은 선량한 사람을 더 착하게 만든다.
> – 토마스 풀러(영국의 성직자·작가)

칭찬이 오고 가면 기쁨은 점점 커질 거야!

"와, 너 그림 정말 잘 그리는구나!"
이런 말을 들으면 미술 시간이 갑자기 즐거워져.
"너 달리기 정말 잘한다!"
그럼 기쁜 마음으로 체육 시간을 기다리겠지?

칭찬의 힘은 정말 굉장해. 칭찬을 들으면 갑자기 큰 기쁨을 느끼게 되고, 그 기쁨은 내 몸과 마음을 순식간에 바꿔 버리거든. 아주 긍정적이고 자신감 있는 사람으로 거듭나게 한단 말이야.

미국의 자동차 왕 헨리 포드는 처음 자동차를 만들 때만 해도 사람들의 놀림감이었어. 모두들 그가 헛수고를 한다며 손가락질을 했지. 하지만 그의 아내는 달랐어.

> "난 당신이 성공할 거라는 걸 한 번도 의심한 적이 없어요. 당신은 불가능한 것을 가능하게 만들 수 있는 힘이 있어요."

결국 헨리 포드는 '자동차 왕'이 되었고 사람들은 그를 우러러보게 되었지. 그 때 어느 기자가 "다시 태어나면 무슨 일을 하고 싶나요?" 하고 물었더니 포드는 이렇게 대답했대.

"내 아내와 함께라면 무엇이든 자신 있소."

아내의 격려와 칭찬이 가장 큰 힘이 되었던 거야.

가능하면 주변 사람들의 좋은 면을 많이 발견하고 또 칭찬하는 습관을 가져 봐. 그럼 그 사람들도 너의 좋은 점을 발견해 주고 또 칭찬을 아끼지 않을 테니까. 그렇게 칭찬의 말이 오고 가면 기쁨은 점점 더 커질 거야.

035 슬플수록 꿈을 키워야 해

> 희망이 없는 슬픔에서는 어떤 지혜도 나오지 않는다.
> - 새뮤얼 존슨(영국의 저술가)

〈오프라 윈프리 쇼〉는 미국에서 가장 인기 있는 TV 프로그램이야. 이 토크쇼의 진행자인 오프라 윈프리는 '불행을 딛고 최고로 성공한 신화적인 여성'으로 불린단다.

언젠가 〈오프라 윈프리 쇼〉에 특별한 방청객 276명이 참석한 적이 있었어. 이 사람들은 모두 '새 차가 절실하게 필요한 이유'를 적어서 오프라 윈프리에게 보낸 사람들이었단다. 차를 갖고 싶은 꿈과 희망은 아주 간절했지만 차를 살만한 돈은 없었지.

쇼가 시작되자 오프라 윈프리는 방청객 중에서 열한 명을 무대 위로 불렀어. 그러곤 작은 상자를 건네 주더니 이렇게 말했단다.

"자, 상자를 열어 보세요."

열한 명의 방청객이 상자를 열자 그 안에는 자동차 열쇠가 들어 있었어. 사람들은 깜짝 놀랐지. 그런데 그게 끝이 아니었어. 오프라 윈프리는 나머지 방청객들에게 하나씩 상자를 나눠 주더니, "이 상자들 중 하나에 마지막 12번째 자동차 열쇠가 들어 있답니다." 하고 말했어.

모두들 두근거리며 상자를 열어 봤겠지? 그런데 세상에! 상자마

다 열쇠가 하나씩 다 들어 있었지 뭐야!

　순간 스튜디오에서는 함성이 터져 나왔어. 자동차를 갖게 된 방청객들은 물론이고 그 쇼를 지켜보던 시청자들도 함께 기쁨을 느꼈단다.

　오프라 윈프리는 누구보다 슬프고 불행한 어린 시절을 보냈어. 하지만 그녀는 평생을 눈물과 한숨으로만 보내고 싶지 않았지. 슬퍼하는 대신 그녀는 '꿈'을 키워 나가기 시작했단다. 단 한 순간도 그 꿈을 놓치지 않고 희망을 포기하지 않았던 거야. 마침내 정상의 자리에 우뚝 선 뒤에 그녀는 '꿈을 포기하지 말라.'는 메시지를 전하기 위해 그런 깜짝 쇼를 연출한 거야.

　저마다 간절한 꿈, 간절한 소망이 있을 거야. 그런데 슬픔 때문에 그 꿈을 놓치거나 포기하는 사람이 있어. 하지만 꿈과 소망을 꽉 쥐고 절대로 놓지 않으면 아주 큰 슬픔도 이겨 낼 수 있단다.

036
세상에서 제일 행복한 곳 만들기

남을 행복하게 할 수 있는 사람만이 행복을 얻는다.
– 플라톤(고대 그리스의 철학자)

어느 노부부가 아들이 일하는 디즈니랜드를 방문했어. 아들은 부모님을 모시고 이곳 저곳을 구경시켜 드렸지. 그런데 갑자기 아들이 걸음을 뚝 멈추더니, 어느 아주머니에게 달려가는 거야.

그러고는 그 앞에서 온갖 재롱을 부리기 시작했어. 부모님은 아들의 행동을 도무지 이해할 수가 없었지.

아들은 한참 동안 아주머니 앞에서 익살을 부렸어. 마침내 그 아주머니는 깔깔깔 소리를 내며 웃기 시작했어. 아들은 그제야 활짝 웃으며 부모님 곁으로 돌아왔단다.

"얘야, 저 부인은 누구냐? 아는 사람이냐?"

아버지가 물었어.

"아니요. 모르는 사람이에요. 하지만 저 아주머니가 아까부터 줄곧 인상을 찌푸리고 있지 뭐예요. 그럼 다른 사람들도 점점 얼굴을 찌푸리게 될 거 아녜요? 여기는 세상에서 제일

웃음은 행복으로 가는 이정표입니다.

행복한 곳인데 그렇게 찡그리면 곤란하죠. 모두가 활짝 웃는 세상, 그게 바로 월트 디즈니 씨의 꿈이거든요."

아들이 했던 말 중에서 가장 중요한 건 '한 사람이 찌푸리면 다른 사람들도 덩달아 찌푸린다.'는 거야. 반대로 한 사람이 활짝 웃으면 다른 사람들도 덩달아 활짝 웃겠지?

우리 가족, 우리 학교, 우리 동네를 기쁨이 넘치는 곳으로 만들고 싶어? 그럼 가장 먼저 나부터 활짝 웃어야 해. 그럼 디즈니랜드에서 일하는 직원처럼 우리도 우리 주변을 세상에서 제일 행복한 곳으로 만들 수 있을 거야.

마/음/훈/련

슬픔도 기쁨도 지혜롭게 다스려 보자

아무리 행복한 사람도 슬픔을 피해갈 순 없어. 중요한 건 슬픔을 겪지 않는 게 아니라 슬픔을 잘 경험하고, 또 그것을 잘 다스릴 수 있는 능력을 키우는 거야.

기쁨도 마찬가지야. 꼭 기쁜 일이 생겨야만 기쁜 건 아니야. 내 마음의 힘으로 기쁨을 만들어 낼 수 있는 능력이 필요해. 자, 그럼 슬픔을 잘 다스리고 기쁨을 만들어 낼 수 있는 방법을 알아볼까?

밤에 깨어 있지 말고 가능한 햇빛을 많이 받으며 움직여 보자

사람도 식물처럼 광합성을 해야 한다는 사실 알아? 식물처럼 사람도 햇빛을 받아야 몸도 튼튼해지고 기분도 활기차진단다. 또 밤에 잠 안 자고 자주 깨어 있다 보면 사소한 일에도 예민해져서 작은 걱정도 큰 걱정처럼 여기게 돼. 기분이 우울하거나 슬플 때는 가능한 일찍 자는 게 좋아.

아침에 일어나면 웃자, 무조건 웃으며 하루를 시작해 보자

아침 식사 때면 식구들 모두 시간에 쫓겨 허둥지둥 밥만 챙겨 먹고 후닥닥 사라지기 일쑤야. 하지만 아무리 바쁘고 졸려도 가족들 얼굴을 마주 보며 한 번씩 웃어 봐. 재미있는 이야기도 나누고, 부모님이나 형제들에게 기분 좋은 말도 한 마디씩 건네 보는 거야. 하루를 웃음으로 시작하는 가족들은 다른 가족들보다 훨씬 행복하단다.

기쁨을 불러오는 말, 행복해지는 말을 써 보자

상대방을 기분 좋게 하는 말이 있고, 인상을 팍 찡그리게 하는 말이 있어. 내가 한 말은 어김없이 나에게 돌아온다. 기분 좋게 나눈 한 마디, 한 마디는 결국 큰 기쁨이 되고 친구 관계도 그만큼 좋아진단다.

#4

배려와 이해

037 남을 위한 배려가 곧 나의 행복
038 작은 행동, 큰 배려
039 상대방을 보살피는 마음
040 더 멀리 보고, 더 깊이 생각하는 배려
041 숨 쉬듯 자연스러운 배려
042 늘 선물하는 마음으로
043 배려는 잔잔하게 퍼져 나간다
044 자존심과 배려
045 '다른 것'은 '틀린 것'이 아니야
046 세상을 보는 눈을 바꿔 봐
047 들을 줄 아는 사람 주변엔 친구가 참 많아
048 글쓰기로 상대방을 이해하기

마음 훈련 _ '나'와 '너'에서 '우리'로 나아가는 길

037

남을 위한 배려가 곧 나의 행복

> 주는 것은 받는 것보다 행복하고, 사랑하는 것은 사랑받는 것보다 아름다우며 사람을 행복하게 한다.
> – 헤르만 헤세(작가, 노벨문학상 수상)

남을 도와 주거나 보살펴 주려는 마음을 '배려'라고 해.

버스나 전철에서 몸이 불편한 사람에게 자리를 양보하는 것, 뒤에 올 사람을 위해서 공공화장실을 깨끗하게 쓰는 것, 버스에서 옆 사람을 위해 휴대폰 사용을 자제하는 것, 이 모두가 남을 위한 배려란다.

사실 반드시 '남을 배려해야 한다.'는 '법'은 없어. 다시 말해서 남을 배려하지 않아도 잡혀가거나 벌금을 물지는 않는다는 얘기야. 하지만 사람들은 날마다 배려를 실천하고 있단다. 물론 그렇지 않은 사람도 있지만 말이야.

배려가 없는 세상을 한번 상상해 봐. 사람들 모두 자기만 생각하고, 자기 편한 대로만 살려고 한다면 세상은 어떻게 될까?

길거리는 온통 쓰레기로 가득하고, 도로에서는 자동차들끼리 서로 먼저 가겠다며 빵빵 경적을 울리고, 한 마디로 뒤죽박죽 끔찍한 세상이 될 거야.

　하지만 다행히도 사람들은 서로를 배려해야 한다는 사실을 알고 있어. 남을 위한 배려가 결국은 나를, 그리고 우리 모두를 위하는 일이라는 사실도 말이야. 남을 위한 행동인데 어째서 나에게 이롭다는 걸까?

　만약에 친구가 우산을 잃어버렸다면 네가 함께 우산을 쓰고 집까지 바래다줘 보렴. 시간도 빼앗기고, 먼 길을 더 걸어야 하겠지만 이상하게 기분이 좋아질 거야. 게다가 그 친구는 나에게 정말 고마운 마음을 갖게 될 테고, 그렇게 우정도 튼튼해지게 될 거야.

　하지만 배려는 언제나 쉽게 할 수 있는 것은 아니야. 또 **배려가 몹시 귀찮아질 때도 있어. 배려를 잘하고, 습관처럼 몸에 배게 하려면 나름대로 연습이 필요해.**

038

작은 **행동**, 큰 **배려**

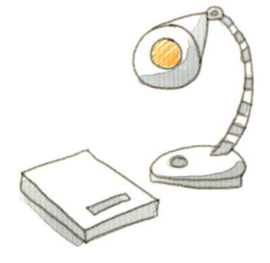

가장 완성된 사람은 모든 사람을 사랑하는 사람이다.
– 마호메트(이슬람교의 창시자)

웬 노인이 길바닥에서 뭔가를 줍고 있었어. 그 때 경찰이 지나가다가 노인의 행동이 하도 이상해서 물어 봤어.

"이보시오, 뭘 그렇게 줍고 있소?"

그러자 노인은 아무것도 아니라며 웃기만 했어.

그의 행동을 수상하게 여긴 경찰은 노인의 주머니를 강제로 뒤졌어. 그런데 주머니에서 나온 건 깨진 유리 조각들뿐이었어.

"이건 유리 조각이잖소? 왜 이런 걸 줍고 있소?"

노인이 대답했어.

"여긴 아이들이 자주 지나다니는 곳이라오. 행여 다치기라도 할까 봐……."

경찰은 아무 말도 할 수 없었어. 더구나 노인이 유명한 교육자 페스탈로치라는 사실을 알았을 땐 깜짝 놀랄 수밖에 없었지.

이건 아주 잘 알려진 이야기야. 그리고 꼭 페스탈로치가 아니어도 우리 주변에는 보이지 않는 곳에서 우리 모두를 위해, 혹은 세상을 위해 묵묵히 일하는 분들이 참 많단다.

길에 떨어진 작은 유리 조각을 줍는 일은 아주 작고 사소해 보이지만 그 행동에는 아주 크고 위대한 배려가 들어 있어. 배려에는 크고 작음이 없어. 사소한 친절, 작은 정성도 상대방에게는 아주 큰 친절이 될 수 있어.

배려가 몸에 밴 사람은 인기도 아주 많단다. 그래서 주변에 친구들이 참 많아. 날마다 한두 가지씩 작은 배려를 실천해 봐. 습관이 되도록 말이야.

상대방을 **보살피는 마음**

> 우정은 사랑을 받는 것보다 사랑하는 것에 있다.
> – 아리스토텔레스(고대 그리스의 철학자)

어느 유명한 배우가 무대에 오르기 전이었어. 갑자기 옆에 있던 젊은 제자가 오더니, "선생님, 신발 끈이 풀렸네요." 하고 알려 줬어. 배우는 고맙다며 신발 끈을 단단히 맸단다.

그런데 제자가 자리를 뜨자마자 배우가 신발 끈을 다시 풀어 버리는 거야. 참 이상하지?

그 모습을 보더니 누군가 이 배우에게 물었어.

"신발 끈을 왜 다시 푸신 겁니까?"

그러자 배우가 대답했어.

"내가 맡은 역할은 나그네일세. 오랜 여행을 마치고 돌아오는 중이지. 먼 길을 걸어왔기 때문에 몹시 피로하고 힘든 상황이야. 그걸 표현하기 위해 일부러 신발 끈을 풀었다네."

"그럼 왜 제자에게 그렇게 말하지 않았죠?"

"그 젊은 친구는 언제나 나를 애정 어린 시선으로 바라본다네. 이번에도 내가 실수할까 봐 염려했던 걸세. 나는 그 친구의 열정과 적극적인 마음을 격려해 주고 싶었지. 연기를 위해 신발 끈을 풀어야 하는 이유 따위는 언제라도 가르칠 수 있을 테니까 말일세."

만일 제자가 신발 끈이 풀렸다고 했을 때 그 자리에서 "아, 이건 나그네의 고단함을 표현하기 위해서 일부러 풀어 놓은 거야."라고 대답했다면 어땠을까? 젊은 제자는 무안하기도 하고 또 연기에 대해서 아직 부족한 게 많은 자신을 질책했을지도 몰라.

배려는 상대방을 보살피는 것, 그리고 상대방의 생각을 존중하는 것이야. 내 입장이나 그때 그때의 상황에만 맞춰서 행동하는 게 아니라 상대방의 마음, 그리고 상대방과 나와의 관계와 미래까지도 생각했을 때 진정한 배려가 나올 수 있는 거란다.

040

더 멀리 보고,
더 깊이 생각하는 배려

> 진정으로 자신을 위해서 살려면 이웃을 위해서 살아야 한다.
> – 세네카(고대 로마의 철학자)

호숫가에 한 가족이 살았어. 가족들은 여름 내내 보트를 타고 뱃놀이를 하곤 했지. 여름이 지나고 찬바람이 불어 오자 아버지는 배를 뭍으로 끌어 올렸어.

'가을, 겨울이 지나고 봄이 올 때까지 창고에 넣어 둬야지.'

그런데 배를 뒤집고 보니 밑창에 작은 구멍이 뚫려 있었어.

'이런, 구멍이 나 있군. 봄이 오면 그 때 고쳐야지.'

그러고는 보트를 창고에 넣어 두었지. 그러던 어느 날 마을에 칠장이가 찾아왔어. 아버지는 칠장이에게 보트를 칠해 달라고 했단다.

지루한 겨울이 지나고 봄이 왔어.

"아빠! 뱃놀이 하고 싶어요!"

"그래, 딱 한 시간만 놀다 오너라."

아버지는 보트에 뚫린 구멍 따윈 까맣게 잊고 있었지 뭐야. 아이들이 호수로 나가고 한참 지나서야 아버지는 화들짝 놀라 일어났어.

"아, 맞아! 구멍이 뚫렸잖아!"

아버지는 허겁지겁 호수로 달려갔어. 아이들이 물에 빠져 허우적

거리는 모습이 떠올랐지. 얼마나 조마조마했겠어?

그 때 저만치서 아이들이 깔깔거리며 돌아오고 있었어.

아버지는 얼른 달려가서 보트 밑창을 살펴봤단다. 그런데 이게 웬일이지? 누군가 구멍을 꽉 막아 놓고 단단히 못질까지 해 놓은 거야. 아버지는 그제야 칠장이가 떠올랐어.

칠장이는 '나는 보트에 색칠만 하면 돼. 구멍이야 목수를 불러서 수리하겠지, 뭐.' 하고 생각할 수도 있었을 거야. 하지만 **칠장이는 구멍 난 보트를 보고 그냥 지나칠 수 없었어. 구멍 난 보트를 타고 뱃놀이를 하게 될 가족들과 그 이후의 상황까지 생각한 거야. 마치 내 가족인 것처럼 말이야.**

너와 나를 구분 짓지 않고 '우리 모두가 하나'라는 생각, 이런 배려 때문에 세상은 훨씬 아름답고, 또 안전하게 돌아가는 거란다.

041  숨 쉬듯 자연스러운 배려

> 이 우주 안에 있는 모든 생명에는 저마다 성스러움이 들어 있다.
> – 고리키(러시아의 작가)

황희 정승이 젊었을 때의 일이야.

어느 여름날, 황희가 들길을 걸으며 바람을 쐬고 있었어. 그 때 늙은 농부가 소 두 마리를 부리며 밭일을 하고 있었지. 하나는 검은 소였고, 또 하나는 누런 소였어.

황희가 농부에게 물었어.

"이보시오, 두 마리 중에서 어느 소가 더 일을 잘합니까?"

그러자 농부는 밭을 갈다 말고 황희에게 걸어오더니 귀에 대고 소곤거렸어.

"누런 소가 일을 더 잘한답니다. 검은 소는 가끔 꾀를 부리지요."

황희는 농부가 참 이상하다고 생각했어.

"아니, 그런데 어째서 일하다 말고 와서 귓속말을 합니까? 그냥 밭에서 소리치면 될 텐데."

그러자 농부가 손을 휘휘 내젓더니 다시 귓속말로 이렇게 말했어.

"아무리 짐승이라도 자기 흉을 보면 좋다고 하겠습니까?"

황희는 아, 하고 탄성을 질렀어. 정말이지 큰 깨달음을 얻은 거야.

혹시 까치밥이란 말 알아? 옛날 어른들은 감을 딸 때 감나무 가지에 꼭 몇 개를 남겨 두곤 했어. "할머니, 왜 다 안 따고 남겨 뒀어?" 하고 물으면 할머니는 웃으며 이렇게 대답했지. "그건 까치밥이란다." 하고 말이야. 까치가 먹으라고 남겨 둔 거야.

우리 어른들은 사람이든 짐승이든 이 세상을 함께 살아가는 이웃이라고 여겼어.

배려는 '이웃'과 '나'의 관계를 하나로 이어 주는 끈이야. 이런 끈이 튼튼하게 잘 이어질수록 외롭지 않게 살아갈 수 있어. 배려는 어느 특정한 날, 특정한 시간에만 마음먹고 하는 '행사'가 되어서는 안 돼. 매일매일 숨 쉬듯이 자연스럽게 하는 거란다.

042 늘 선물하는 마음으로

> 만약 친구가 야채를 갖고 있으면 고기를 주어라.
> - 탈무드

어느 날 간디가 막 출발하는 기차에 간신히 올라탔어.

그런데 그 때 새로 산 신발 한 짝이 벗겨졌지 뭐야? 기차는 벌써 달리기 시작했는데 말이야. 간디는 얼른 나머지 한 짝마저 벗어서 휙 던졌어.

같이 탄 사람들이 깜짝 놀라 물었지.

"아니, 신발을 왜 던집니까?"

그러자 간디가 웃으며 말했어.

"누군가 신발 한 짝을 줍는다면 그 한 짝으로는 아무런 쓸모가 없겠지요. 그래서 나머지 한 짝도 벗어 준 겁니다."

간디는 신발을 줍게 될 사람의 마음을 미리 헤아리고 나머지 한 짝을 벗어 던진 거야. 얼굴도 모르는 사람을 위해서 말이야.

상대방이 무엇을 원하는지 생각해 보는 것은 배려의 기본이야. 친구 생일 때 '무슨 선물을 해 줄까?' 하고 생각해 본 적 있지? 마땅한 선물이 생각나지 않아서 이리저리 기억을 더듬다 보면

어느 새 그 친구에 대해서 많은 생각을 하게 된단다.

'예쁜 필통을 사 줄까? 아참, 지난번에 필통을 샀다고 했었지. 그럼 책 읽는 걸 좋아하니까 재미있는 동화책을 사 줘야겠다.'

이렇게 생일 선물을 고르기 전에 그 친구에 대해서 생각하는 시간, 바로 그게 배려의 시간이야. 꼭 생일이 아니어도 좋아.

다른 사람들을 애정 어린 시선으로 관찰하고 그 사람에 대해서 생각하는 시간을 가져 보면 어느 새 그 사람이 훨씬 가깝게 느껴진단다.

043

배려는 잔잔하게 퍼져 나간다

> 친구를 얻는 유일한 방법은 스스로 완전한 친구가 되는 것이다.
> – 에머슨(미국의 사상가·시인)

어느 병실에 두 명의 환자가 입원해 있었어. 한 사람은 창가에, 또 한 사람은 벽 쪽에 누워 있었지. 벽 쪽에 누운 환자는 창 밖이 몹시 궁금했어. 오랫동안 입원해 있다 보니 바깥 세상이 무척 보고 싶었던 거야. 그 마음을 알았는지 창가에 누운 환자는 날마다 바깥 경치에 대해서 열심히 이야기해 주곤 했어.

"지금 벚꽃이 한창이군요. 꽃잎이 눈처럼 날리고 있어요. 언덕 위로 웬 꼬마 녀석이 신나게 뛰어가고 있습니다. 강아지도 같이 달리고 있네요."

벽 쪽에 누운 환자는 이야기를 들으며 마음껏 바깥 경치를 상상하곤 했어. 정말 행복한 시간이었지.

몇 주일이 지나고 창가에 있던 환자는 퇴원을 했어. 이제 벽 쪽에 누운 환자가 창가로 가게 됐지. 그 환자는 자리를 옮기자마자 창 밖을 보려고 고개를 돌렸어. 그런데 깜짝 놀라고 말았단다. 창밖엔 그저 높고 붉은 담벼락뿐이었거든. 벚나무도 언덕길도 없었어.

창가에 있던 환자는 벽 쪽에 누운 환자가 행복한 상상을 할 수 있도록 오랫동안 배려해 주었던 거야.

다음 날 벽 쪽 자리에는 또 다른 환자가 입원하게 되었어. 그 날부터 창가로 옮긴 환자는 새로 온 환자를 위해서 열심히 창 밖 풍경을 설명해 주었단다.

"지금 개나리가 한창이군요. 세상이 온통 노랗게 물들었어요. 언덕 위로 아리따운 소녀들이 깔깔거리며 걸어가고 있네요."

새로 온 환자는 그 이야기를 들으며 행복한 표정을 지었어.

남으로부터 배려를 받아 본 사람은 그게 얼마나 감동적인지 깨닫게 돼. 그리고 자연스럽게 자기도 그런 배려를 누군가에게 해 주고 싶어진단다. 배려는 전염성이 강하거든.

044 자존심과 배려

> 아무리 작은 친절이라도 결코 헛되지 않다.
> – 이솝(고대 그리스의 우화 작가)

〈만종〉, 〈이삭줍기〉 등의 명화를 남긴 밀레는 젊었을 때 늘 가난과 굶주림에 시달렸대. 하지만 화가로서의 자존심만은 잃지 않고 열심히 그림을 그렸지.

어느 날 밀레가 쫄쫄 굶어가며 그림을 그리고 있을 때였어. 그 때 미술계에서 이름을 날리던 친구 루소가 찾아왔단다. 루소는 활짝 웃으며 밀레에게 말했어.

"이봐, 기쁜 소식이야! 누가 자네 그림을 사겠다는군."

"그게 정말인가? 휴우, 다행이군! 그런데 그림을 사겠다는 사람이 누구지?"

"응, 그 사람은 급한 일 때문에 못 왔다네. 그래서 내게 돈을 주면서 자네 그림을 대신 사 달라더군. 자, 여기 300프랑일세."

밀레에게 300프랑은 정말 큰돈이었지. 덕분에 밀레는 당분간 돈 걱정 하지 않고 마음껏 그림을 그릴 수 있었어.

그로부터 몇 년이 흐른 뒤 밀레가 오랜만에 친구 루소의 집을 방문했어. 그런데 이게 웬일이야? 루소의 거실 벽에 자기 그림이 걸려 있지 않겠어? 밀레는 그제야 고개를 끄덕이며 눈시울을 적셨어.

친구 루소는 가난 때문에 고생하는 밀레를 도와 주고 싶었지만 친구의 자존심을 다치게 하고 싶지 않았던 거야. 그래서 다른 사람이 그림을 사는 것처럼 꾸몄던 거지.

루소가 밀레의 그림을 사 준 것은 '도움'이지만 친구의 자존심을 지켜준 건 세심한 '배려'란다. 가난한 친구에게 돈을 마련해 준 행동도 따뜻하지만, 무엇보다 친구의 마음에 상처를 주지 않으려고 배려한 것이 더욱 감동적으로 느껴지지 않아? 이렇듯 누군가를 도와 주는 데에는 '배려'의 마음이 필요해. 그렇지 않으면 자칫 상대방의 자존심을 상하게 할 수 있거든.

045

'다른 것'은 '틀린 것'이 아니야

인간의 소질은 모두 같다. 다만 환경이 차이를 낳을 따름이다.
– 리히텐베르크(독일의 과학자)

미국의 어느 동물원에서 아이들이 즐겁게 그림을 그리고 있었어. 색색의 물감으로 저마다 좋아하는 동물을 그렸지. 그런데 어느 흑인 어린이가 얼룩말을 그리는데 온통 까맣게 색칠하고 있었대. 선생님은 이해가 되지 않았어.

'왜 까맣게 칠하지? 그냥 흰 바탕에 검은 줄만 죽죽 그으면 얼룩말이 될 텐데.'

선생님은 흑인 아이에게 그 방법은 틀렸다고 말해 주려고 했어. 그러다 갑자기 무릎을 탁 쳤단다.

'아, 맞아! 이 아이는 흑인이지!'

흑인인 그 아이는 얼룩말이 검정색 피부에 하얀 줄이 그어져 있다고 생각한 거야.

백인 선생님은 이제까지 얼룩말을 하얀 피부에 검은 줄이 그어진 거라고만 생각했었거든. 우리도 그렇게 생각하잖아. 하지만 흑인인 그 아이는 다르게 생각한 거야.

흑인 아이가 얼룩말을 그리는 방법은 '틀린 것'이 아니라 '다른 것'이었어. 선생님은 그제야 흑인 아이의 생각을 진정으로 이해할 수 있었어.

사람들은 '다른 것'을 '틀린 것'이라고 생각하는 경우가 많아. 다른 것을 틀렸다고 규정하는 순간, 마음의 문이 꼭꼭 닫혀서 세상을 보는 눈이 아주 좁아진단다.

이 세상에 똑같은 사람은 하나도 없어. 외모뿐만이 아니라 저마다 자기만의 생각과 느낌을 갖고 살아간단다. 그런데 나와 다른 생각, 나와 다른 느낌을 인정하지 않고 내 기준에만 맞추려 애쓴다면 제대로 된 관계가 이루어질 수 없어. 그런 사람은 고집불통이란 소릴 듣거나 외톨이로 살아가게 될지도 몰라.

누군가를 이해한다는 건 나와 다른 점을 인정하고 그대로 받아들이는 데에서부터 시작되는 거란다.

046 세상을 보는 눈을 바꿔 봐

> 그 사람 입장에 서기 전에는
> 절대로 그 사람을 욕하거나 책망하지 말라.
> – 탈무드

어느 전철 안에서 있었던 일이야. 수염이 덥수룩한 아빠가 아이들을 데리고 전철을 탔어. 그런데 아이들이 마구 소리를 지르며 떠들고 장난을 치는 데도 아빠는 멍하니 혼자 앉아 있는 거야. 어찌나 시끄러운지 승객들 모두 눈살을 찌푸렸어. 하지만 애들 아빠는 아이들을 야단치기는커녕 멍하니 창 밖만 바라보고 있지 뭐야.

마침내 어느 아주머니가 애들 아빠에게 한 마디 했어.

"이봐요! 저 아이들 좀 어떻게 해 봐요. 공공장소에서 너무하는 거 아니에요?"

그제야 아이들의 아빠는 정신을 차리더니 이렇게 말했어.

"아, 그렇군요. 죄송합니다. 방금 애들 엄마의 장례식을 치르고 오는 길이거든요. 그래서 아이들을 어떻게 야단쳐야 할지……."

그 순간 아주머니도, 그리고 전철 안에 있던 모든 승객들도 입을 다물고 말았어.

자, 어때? 아빠의 말을 듣기 전까지는 어떤 눈으로 상황을 보고 있었지? 그리고 장례식을 치르고 오는 길이라는 사실을 알게 되었을 때는 생각이 어떻게 바뀌었지?

우리는 두 눈으로 세상을 보고 있지만 사실 세상을 '진짜로' 보는 건 '마음의 눈' 이야. 버릇없는 아이들 때문에 짜증내던 사람들이 순식간에 아이들을 동정하게 된 것도 마음의 눈이 상황을 달리 보았기 때문이야. 이제 승객들은 아이들과 아빠를 진심으로 이해하기 시작한 거야.

마음의 눈을 바꿈으로 해서 우리의 태도는 완전히 달라질 수 있단다. 상대방을 제대로, 깊이 이해하려면 우선 그 사람의 입장에 대해서 좀더 깊이 생각해 봐야 한단다.

047

들을 줄 아는 사람 주변엔 친구가 참 많아

> 다른 사람의 속마음으로 들어가라. 그리고 다른 사람으로 하여금
> 당신의 속마음으로 들어오도록 하라.
> – 아우렐리우스(로마의 황제)

〈모모〉라는 동화를 보면 보잘 것 없는 모모 주변에 아주 많은 사람들이 모이곤 해. 그냥 거지 소녀일 뿐인데 왜 그렇게 사람들이 모여드는 걸까? 이유는 딱 한 가지야. 모모에겐 '이야기를 들어 주는 능력'이 있었거든.

모모는 하루 종일 남들의 이야기를 정성껏 들어 주곤 했어. 그래서 사람들은 자꾸 모모 곁으로 가서 자신의 이야기를 하며 마음의 평화를 얻었던 거야.

사람들은 자기 이야기를 성실하게, 정성껏 들어 주는 사람에게 다가가고 싶어해. 그건 본능이야. 내 이야기를 건성으로 듣거나 무시하는 사람한테는

가까이 갈 수 없는 게 당연하잖아.

사실 정신과 의사나 상담 선생님들이 하는 일의 80퍼센트 이상은 그저 '들어 주는 일'이란다. 사람들의 고민을 들어 주는 것만으로도 이미 반은 치료가 되는 셈이거든.

하지만 '듣는 일'에도 기술이 필요해. '듣는 일'은 누구나 할 수 있을 것 같지만 막상 해 보면 절대로 쉽지 않아. 이야기를 들어 줄 때는 상대방이 무슨 생각을 하는지, 무엇을 말하고자 하는지 잘 새겨들어야 해. 건성으로 듣거나 듣고도 금방 잊어버린다면 그건 듣는 게 아니야.

네가 건성으로 듣는다면 상대방도 금방 알아차리게 돼. 그래서 '아, 이 사람하고는 아무리 이야기해도 소용이 없구나.' 하고 생각하게 될 거야. 하지만 정말로 그 사람 입장이 된 것처럼 정성껏 들어 준다면 상대방은 점점 더 너를 신뢰하게 될 거야.

048

글쓰기로 상대방을 이해하기

> 인생의 본질은 남을 이해한다는 점에 있다.
> – 괴테(독일의 문학가 · 정치가)

병원에 가면 레지던트들을 만날 수 있어. 레지던트는 의사가 되기 위해 훈련하는 '새내기 의사'들이야. 그런데 어떤 레지던트들은 환자들을 한 사람의 인격체로 이해하기보다는 단순히 의술을 배우기 위한 대상으로만 대하기도 한단다. 빨리 의술을 배우고 익혀서 정식으로 의사가 되고 싶은 마음이 앞서기 때문이야.

미국 예일대의 연구진들은 레지던트들이 환자들을 보다 깊이 이해할 수 있도록 도와 주고 싶었어. 그래서 열다섯 명의 레지던트들에게 이틀 동안 '글쓰기 시간'을 갖도록 했단다. 글쓰기의 주제는 '레지던트와 환자', '나는 환자들에 대해서 얼마나 알고 있나?', '레지던트의 고민과 불안' 등 아주 다양했어. 그리고 글쓰기에 참가했던 레지던트들에게 어떤 기분이 들었느냐고 물었어. 그랬더니 모두들 하나같이 이렇게 대답했대.

"글을 쓰기 전에는 내가 환자들에게 느끼는 감정을 제대로 이해할 수 없었습니다. 하지만 글을 써 내려가는 동안 환자들은 물론이고 나 자신에 대해서도 더 깊이 이해할 수 있었습니다. 환자들이 단순히 '병을 지닌 사람'이 아니라 나와 똑같이 존중받아야 할 인격체라는 사실을 새삼 깨달을 수 있었습니다."

그 뒤로 글쓰기에 참가했던 레지던트들은 환자들을 대하는 태도가 확 바뀌었대.

이 실험을 통해서 예일대의 연구진들은 글쓰기가 지닌 좋은 점을 확인할 수 있었어. 무엇보다 '집중해서 글을 쓰면 관찰력이 늘고 자기 자신과 다른 사람에 대한 이해심도 커진다.'는 사실을 알게 된 거야.

그냥 생각하는 것과 글을 써 보는 건 확실히 달라. 글을 써 보면 이제껏 생각해 오던 것들을 다른 방식으로 보게 되기도 하고, 또 그냥 스쳐 지나간 것들을 다시 한 번 관찰할 수 있게 해 준단다. 누군가를 제대로 이해하기 위해서는 글을 써 보는 게 좋아. 게다가 작문 실력까지 키울 수 있으니 얼마나 좋아?

글을 쓰면 집중력 향상!

관찰력 향상!

글쓰기는 상대방의 마음으로 향하는 지름길!

마 / 음 / 훈 / 련

'나'와 '너'에서 '우리'로 나아가는 길

우리 주변에는 나 혼자만 잘 살기 위해서 경쟁하려 들고, 또 경쟁에서 살아 남는 것만이 최고라고 생각하는 사람들이 있어. 남을 쓰러뜨리고 나 혼자 성공하는 삶에는 배려가 없어. 나와 이웃이 다 함께 잘 살아가는 것이야말로 이 세상을 이끌어가는 힘이란다. 그런 세상을 만들기 위해서는 나부터 조금씩 변해야 해. '이해'와 '배려'가 바로 그 첫 걸음이야.

'나'를 '우리'로 바꿔 보자

오늘부터 '나'를 '우리'로 바꿔서 표현해 봐. '지금 나에게 필요한 건 뭘까?'를 '지금 우리에게 필요한 건 뭘까?'로 바꿔 보는 거야. 단어 하나만 바꿨을 뿐인데 느낌이 전혀 달라질 거야. 이제까지 '나'에만 한정되었던 생각들을 '우리'로 넓혀 가는 것, 그게 바로 이해와 배려의 기본 태도야.

배려와 눈치 보기를 구분하자

내가 하고 싶은 건 분명히 따로 있는데도 친한 친구가 화를 내거나 기분 나빠할까 봐 내 생각이나 주장을 포기한다면 그건 배려가 아니라 '눈치 보기'야. 언뜻 보면 배려처럼 보이지만 이런 행동들은 나를 점점 못난 사람으로 만드는 비겁한 행동이야. 때로는 친구의 그릇된 태도를 엄하게 꾸짖어 줄 수 있는 게 바로 배려야.

말하는 연습보다 듣는 연습을 먼저 하자

남의 말을 잘 들어 준다고 해서 나의 생각과 나의 주장을 뒷전에 둔다는 뜻은 아니야. 오히려 남의 말을 잘 듣는 사람이야말로 자기 생각을 더욱 살찌울 수 있단다. 남의 말을 잘 들어 주는 사람은 나와는 다른 생각, 느낌들을 많이 경험하기 때문에 그만큼 이해심도 커진단다.

Mind
humbleness

humbleness and

and ap

#5

겸손과 감사

049 낮출수록 더 높아진다
050 낮은 곳에서 더욱 높아지는 겸손
051 겸손한 사람이 오래 가
052 겸손은 힘이 세다
053 겸손한 사람 주변에 친구가 많은 까닭은?
054 겸손처럼 보이지만 절대로 겸손하지 않은 아부
055 겸손할수록 존경받는 사람이 될 수 있어
056 감사할 줄 아는 사람은 행복해
057 행복 헌장과 '감사'의 힘
058 세상에서 가장 좋은 습관, "감사합니다!"
059 하나, 둘, 셋…, 내가 가진 것들을 세어 봐
060 힘든 일을 달게 받아들여

마음 훈련 _ 날마다 겸손하게, 매일매일 감사하며

049

낮출수록 더 높아진다

> 누구든지 자기를 높이려는 자는 낮아지고
> 누구든지 자기를 낮추는 자는 높아지리라.
> – 신약성서

나를 내세우지 않고 다른 사람을 존중하는 것을 '겸손'이라고 해. 겸손은 자신을 낮추고 다른 사람을 높이는 태도이기도 하단다. 그런데 자신을 낮추는 것이 곧 지는 것, 혹은 당당하지 못한 것이라고 생각하는 사람들도 있어. 그래서 언제 어디에서나 큰 소리로 자기 자랑을 하거나 자기가 최고라고 떠들기도 해.

하지만 결과는 정반대란다.

자기가 남들보다 낫다며 자랑하는 사람은 오히려 무시당하기 쉽고, 겸손한 사람은 자기를 낮춤으로써 훨씬 더 큰 사람으로 인정 받게 되거든.

홈런왕 이승엽을 생각해 봐. 이승엽은 누가 뭐래도 아시아 최고의 홈런왕이잖아. 하지만 이승엽은 단 한 번도 자기 자신을 내세우거나 자랑한 적이 없어. 오히려 홈런을 치고도 "운이 좋아서 홈런을 쳤을 뿐입니다."라고 말할 뿐이야. 정말이지 한없이 겸손한 홈런왕이야. 그래서 한국과 일본의 야구팬들은 이승엽이 잘할 때나 못 할 때나 한결같이 '최고의 4번 타자'라고 인정한단다.

'실력도 실력이지만 무엇보다 훌륭한 인간미가 느껴지는 4번 타자.' 이것이 바로 이승엽에 대한 평가야.

겸손한 사람은 언제나 노력하는 자세로 살아간단다. 왜냐 하면 늘 자기가 부족하다고 여기기 때문이야. 최고의 자리에 올라서도 변함없이 노력하는 사람은 그 자리에 오래 머무를 수 있지만 '이제 드디어 성공했구나! 이제 쉴 때도 됐어.' 하고 만족하는 사람은 금방 위기에 처하게 돼.

겸손해지기 위해서 특별히 힘든 훈련을 해야 하는 건 아니야. 겸손이 지닌 아름다움을 깨닫는 것만으로 생각이 달라질 테니까.

050
낮은 곳에서 더욱 높아지는 겸손

가장 높은 곳에 올라가려면, 가장 낮은 곳부터 시작하라.
– 푸블릴리우스 시루스(고대 로마의 시인)

아프리카의 성자라 불리는 슈바이처 박사는 아프리카의 원주민들을 치료하며 평생을 보낸 인물이야. 1952년 노벨평화상을 받게 된 슈바이처 박사는 시상식에 참석하기 위해 스웨덴으로 향했어.

기차역은 기자들과 환영 인파로 시끌벅적했지.

잠시 후 기차가 도착하자마자 기자들은 우르르 1등 칸으로 몰려갔어. 슈바이처 박사를 제일 먼저 사진에 담기 위해 경쟁하면서 말이야. 하지만 승객들이 다 내린 뒤에도 슈바이처 박사는 나타나지 않았어. 기자들은 다시 우르르 2등 칸으로 몰려갔지만 거기에도 없었어.

"거참 이상하네. 설마 3등 칸에 탔을 리는 없는데."

바로 그 때, 3등 칸 맨 끝에서 슈바이처 박사가 내렸어.

기자들은 슈바이처 박사에게 물었어.

"아니, 박사님! 왜 3등 칸에 타셨어요?"

노벨상을 받을 만큼 대단한 인물이 고작 3등 칸에 타고 있었다는 것이 정말 의아했던 거야.

그러자 슈바이처 박사가 씩 웃으며 이렇게 말했어.
"글쎄 말이오. 이 기차엔 4등 칸이 없다는구려."

슈바이처 박사는 남부럽지 않은 생활과 명예, 안전하고 행복한 미래를 모두 내던지고 아프리카로 떠난 사람이야. 그 곳은 세상에서 가장 '낮은 곳'이었지. 겸손한 사람은 언제나 가장 낮은 곳에 자리를 잡는단다. 강물이 점점 낮은 곳으로 흐르지만 결국엔 큰 바다가 되는 것처럼 자신을 낮출수록 존경을 받게 되는 거란다.

051

겸손한 사람이 오래 가

> 겸손을 배우려고 하지 않는 자는
> 아무것도 배우지 못할 것이다.
> – 조지 메러디드(영국의 소설가)

옛날 중국의 오왕이 양자강에서 뱃놀이를 하다가 미후산에 올라갔어. 거긴 원숭이들이 아주 많이 살고 있었어. 원숭이들은 오왕을 보자마자 후닥닥 도망쳤지. 그런데 딱 한 마리가 도망치기는커녕 이리저리 뛰어다니며 장난을 치는 거야. 닥치는 대로 던지고 끽끽거리며 오왕을 놀리면서 말이야.

오왕은 화가 나서 신하들에게 이렇게 말했어.

"여봐라, 모두 한꺼번에 활을 쏘아라!"

잘난 척하던 원숭이는 그 자리에서 죽고 말았어.

그 때 오왕이 옆에 있던 친구 안불의에게 말했어.

"이 원숭이는 자기 재주만 믿고 까불다가 이렇게 죽고 말았네. 사람도 마찬가지야. 아무리 잘났어도 교만하게 굴면 언젠가는 이런 꼴이 되고 말 거야."

사실 안불의는 오만방자한 사람이었어. 그런데 바로 이 순간 오왕이 자신을 빗대어 한 말이라는 것을 깨달았지.

그 뒤로 안불의는 귀족 신분과 사치스런 생활을 모두 내던지고 겸손하게 생활했단다. 그렇게 3년이 지나자 모두들 안불의를 높이 떠받들고 칭송했대.

우리 주변엔 겸손한 사람도 많지만 잘난 체하기 좋아하는 사람들도 많아. 미후산의 원숭이처럼 잘난 체하며 뽐내고 건방지게 구는 것을 '교만'이라고 해. 교만한 사람은 아무리 뽐내고 자랑해도 가진 것들을 점점 잃게 되지만 겸손한 사람은 늘 꾸준히 발전해 갈 수 있어.

보이지 않는 곳에서 조용히 자신을 가꿔 나가는 사람들은 결국 인정을 받게 된단다.

052 | 겸손은 힘이 세다

> 우쭐대고 뽐내지 않는 사람은
> 본인이 믿고 있는 것보다 훨씬 큰 인물이다.
> – 괴테(독일의 문학가·정치가)

링컨은 미국인들이 가장 존경하는 대통령이야. 링컨은 아주 작은 시골 출신이었단다. 개척자였던 링컨의 아버지는 생계를 위해서 이곳 저곳 떠돌다가 나중엔 구두 만드는 제화공으로 살아갔어.

그런데 링컨이 대통령에 당선되자 의원들은 샘이 났던 모양이야.

"쳇, 고작 구두장이의 아들 주제에 대통령이 되다니!" 하며 링컨의 약점을 찾아 궁지에 몰아넣으려고 안달이었단다.

링컨이 취임 연설을 하기 위해 의회에 갔을 때 어느 늙은 의원이 이렇게 빈정댔어.

"링컨 씨! 부친께서 혹시 구두장이가 아니었소? 여기 있는 의원들은 거의 모두 당신 부친이 만든 구두를 신고 있다오. 그런 신분으로 대통령에 당선된 사람은 아마 전무후무할 겁니다."

그런데 링컨은 빙그레 웃으며 이렇게 말했어.

"취임 연설을 하기 전에 제 아버지를 떠올릴 수 있게 해 주셔서 대단히 감사합니다. 그 분이 없었다면 제가 오늘날 이 자리에

128

설 수도 없었지요. 맞습니다, 제 아버지는 '구두의 예술가'였습니다. 혹시 여러분 구두에 문제가 생기면 제게 말씀해 주십시오. 아버지에 비하면 형편없는 솜씨지만 그래도 정성껏 수선해 드리지요."

링컨을 공격하려던 의원들은 할 말을 잃고 말았어.

만일 링컨이 늙은 의원과 똑같이 정면으로 맞섰다면 어땠을까? 감히 대통령에게 그런 모욕을 주다니, 하면서 언성을 높이거나 자기 신분을 감추려고 발뺌을 했더라면 링컨도 그들과 똑같은 부류가 되었겠지.

하지만 링컨은 마음의 그릇이 넓은 사람이었어. 진실한 마음에서 우러나오는 겸손은 제일 힘이 세단다.

053

겸손한 사람 주변에 친구가 많은 까닭은?

> 겸손은 사랑을 불러일으킨다.
> 진심에서 우러나오는 겸손은 사람의 마음을 이끈다.
> – 톨스토이 (러시아의 작가)

김 씨와 최 씨가 고기를 사려고 푸줏간으로 들어갔어.

"어서 오십시오."

푸줏간 주인은 반갑게 손님을 맞이했지. 그 때 김 씨가 뒷짐을 지고 큰 소리로 말했어.

"여봐라, 고기 한 근 썰어 봐라."

최 씨도 말했어.

"여보시오, 주인장. 나도 고기 한 근 주시겠소?"

"예예, 그렇게 하겠습니다."

주인은 열심히 고기를 썰어서 봉지에 담아 줬어. 그런데 이상하게도 김 씨 고기보다 최 씨 고기가 좀더 많아 보였어. 김 씨는 화가 났지.

"야, 이놈아! 똑같이 한 근을 썰었는데 왜 크기가 다른 거냐?"

그러자 주인이 말했어.

"아, 그거요? 그거야 손님 고기는 '여봐라'가 썰었고, 이 분 고기는 '여보시오'가 잘랐기 때문이지요."

겸손한 사람과 오만한 사람에게 돌아오는 대가는 이렇게 달라. **오만하고 남을 업신여기는 사람과 겸손하고 예의 바른 사람, 둘 중에 누가 더 친구가 많을까?** 그건 유치원 아이들도 알 거야.

겸손한 사람의 인간 관계는 '진실'과 '믿음'이라는 기둥이 튼튼하게 받쳐 준단다. 그래서 아무리 힘들고 어려운 일이 닥쳐도 겸손한 사람에겐 진심어린 도움의 손길이 닿게 되는 거야.

054

겸손처럼 보이지만 절대로 겸손하지 않은 아부

겸손도 지나치면 교만이 된다.
- 영국 격언

겸손은 나를 낮추고 상대방을 존중하는 거라고 했잖아.

그런데 언뜻 보면 겸손한 것 같은데 사실은 겸손과 전혀 다른 게 있어. 그게 바로 '아부'야.

아부란 남의 기분을 좋게 하려고 옆에서 알랑거리는 것을 말한단다. 아부를 잘하는 사람은 주로 자기보다 힘 있는 사람, 혹은 돈이 많은 사람 곁에 달라붙어서 마음에도 없는 칭찬을 늘어놓거나 연신 허리를 굽혀가며 비굴하게 굴어.

겸손한 사람도 남을 자주 칭찬하지만 거기엔 진실이 담겨 있지. 하지만 아부하는 사람의 칭찬에는 거짓이 담겨 있어. 그래서 칭찬을 들을 땐 기분 좋을지 몰라도 나중에 그게 거짓이라는 걸 알면 기분이 몹시 나쁘단다.

또 겸손한 사람이 자기를 낮추는 것은 남을 위한 행동이지만, 아부하는 사람이 자기를 낮추는 것은 오로지 자기 자신을 위한 거야. 자기 욕심을 채우려고 낮추는 척할 뿐이라는 얘기지.

아부는 낮은 사람이 높은 사람에게 하는 거야. 그래서 아부를 잘

하는 사람은 나중에 높은 자리에라도 앉게 되면 자기보다 낮은 자리의 사람을 업신여기기도 한단다.

겸손과 아부의 차이를 잘 구분할 줄 알아야 해. 왜냐 하면 남을 위하는 행동을 하면서도 자기 스스로 겸손한 건지, 아니면 아부를 하는 건지 헷갈릴 때가 있거든. 그럴 땐 마음 속으로 이렇게 물어 봐.

'지금 나는 진심으로 저 사람을 위하고 있을까? 내 마음 속에 조금이라도 비굴하다거나 찜찜한 기분이 남아 있진 않나?' 하고 말이야.

다른 사람을 칭찬하고, 또 다른 사람이 잘 되기를 진심으로 바라면서 자기 스스로도 떳떳하다면 그게 정말 겸손한 행동이야.

055
겸손할수록 존경받는 사람이 될 수 있어

가장 훌륭한 지혜는 친절함과 겸손함이다.
– 탈무드

어느 날, 영국 병사 두 명이 끙끙대며 커다란 통나무를 옮기고 있었어. 통나무가 워낙 무거워서 땀을 줄줄 흘리고 있었지. 그 옆에는 병사들의 지휘관이 바위에 걸터앉은 채 호통을 치고 있었어.

"젊은 녀석들이 왜 그렇게 힘이 없어? 어서 옮기지 못해!"

바로 그 때 말을 타고 지나던 웬 신사가 지휘관에게 물었어.

"이보시오, 당신이 함께 병사들을 거들어 주면 금방 옮길 텐데 왜 가만히 있소?"

그러자 지휘관이 이렇게 대답했어.

"나는 병사들을 지휘하는 상관입니다. 일은 병사들 몫이오."

"흠, 그런가? 그럼 나라도 도와 줘야겠군."

신사는 윗옷을 벗고 병사들과 함께 땀을 흘리며 통나무를 옮겨 놓았어. 그러곤 다시 말에 올라탔지. 그제야 지휘관이 물었어.

"그런데 당신은 누구시오?"

그 때 신사는 대답 대신 이렇게 말했어.

"다음에 또 통나무 옮길 일이 있으면 총사령관을 부르게."

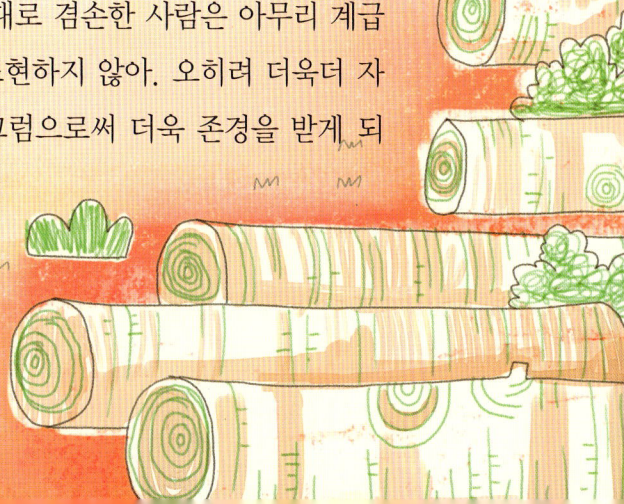

그 순간 지휘관과 병사들은 깜짝 놀라고 말았어.

신사는 바로 영국 군대의 총사령관인 웰링턴 장군이었던 거야. 하지만 그는 기꺼이 말단 병사들과 함께 통나무를 날랐어. 그렇게 함으로써 게으른 지휘관의 잘못된 생각을 고쳐 준 셈이야.

어떤 사람들은 자기 신분이나 권력을 내세우며 한껏 거들먹거리곤 해. 하지만 그럴수록 스스로 못난 사람이 되는 거란다. 반대로 겸손한 사람은 아무리 계급이 높고 신분이 고귀해도 구태여 표현하지 않아. 오히려 더욱더 자신을 낮추고 상대방을 높인단다. 그럼으로써 더욱 존경을 받게 되는 거야.

056 감사할 줄 아는 사람은 행복해

> 행복은 일종의 감사하는 마음이다.
> – 헬렌 켈러(사회사업가)

"되는 일이 하나도 없어!"

"아, 힘들어! 사는 게 왜 이렇게 힘들지?"

우리 주변에는 이렇게 늘 부정적이고 불만투성이인 사람이 있어. 하지만 반대로 똑같은 상황에서도 보다 밝은 면만 보는 사람들이 있단다. 아무리 힘든 일이 닥쳐도 "좋은 일이 있을 거야. 희망을 품고 기다려 보자."라고 말하는 사람들 말이야.

그런데 놀라운 사실은 불만투성이인 사람들보다 밝고 희망적인 사람들에게 좋은 일이 훨씬 더 많이 찾아온다는 거야. 그리고 그 사람들은 늘 감사하다는 말을 입에 달고 산단다.

감사할 줄 아는 사람에게는 왜 행운이 많이 찾아오는 걸까?

'감사하는 마음'이 얼마나 대단한지는 의학적으로도 밝혀졌어.

감사하는 마음으로 살아가는 사람들은 원망이나 화, 두려움, 절망 같은 나쁜 감정이 잘 생기지 않는대. 감사하는 마음을 품게 되면 사랑과 기쁨, 희망 같은 밝은 감정이 생겨나기 때문이지.

물론 살다 보면 정말 어쩔 수 없이 불행한 일이 닥칠 때도 있어. 그래도 마음 속에서 감사하는 마음을 잃지 않는 게 중요해.

"감사합니다! 앞으로는 더 나은 일, 더 행복한 일이 찾아오겠지요. 그래서 더욱 감사합니다." 바로 이런 마음이 우리를 행복하게 해 준단다.

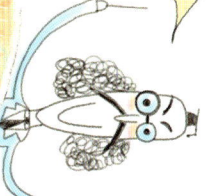

행복 헌장과 '감사'의 힘

감사할 줄 아는 힘의 크기에 따라 행복의 크기가 결정된다.
– 밀러(영국의 과학자)

이 이야기는 2005년, 영국의 '슬라우'라는 곳에서 실제로 있었던 일이야.

슬라우는 인구 12만 명 정도가 사는 작은 도시란다. 그런데 이 도시는 아주 이상한 점이 있었는데 사람들 대부분이 우울해하며 살아간다는 거야.

그래서 여섯 명의 경제학자와 심리학자들이 행복 위원회를 만들어서 이 도시로 들어갔어. 그리고 슬라우 주민 50명을 대상으로 석 달간 '행복 실천' 프로그램을 시작한 거야. 행복 위원회를 이끄는 리처드 스티븐스 박사는 50명의 참가자들에게 10가지 항목을 꼭 실천하도록 했대. 그리고 3개월이 지난 뒤 아주 놀라운 일이 벌어진 거야.

실험이 끝난 뒤 참가자 50명의 행복 지수가 33퍼센트나 올라갔다는 거야.

'행복 헌장 십계명'이라고 불리는 이 항목들은 한 마디로 '감사하는 마음'으로 살아가란 뜻을 담고 있단다. 그리고 감사하는 습관이 몸에 밴 사람들은 저절로 이 행복 헌장을 실천하며 살아가고 있어. 자, 오늘부터 작은 수첩에 적어서 틈 날 때마다 읽고 따라해 봐.

① 일 주일에 3번 운동하기
② 매일 저녁 감사할 일 5가지 생각하기
③ 매주 1시간 이상 대화하기
④ 식물을 가꾸기
⑤ 텔레비전 시청 시간을 반으로 줄이기
⑥ 적어도 하루에 한 번 낯선 사람에게 미소짓기
⑦ 오래 만나지 못했던 친구에게 전화하기
⑧ 하루에 한 번 이상 유쾌하게 웃기
⑨ 매일 자신에게 작은 선물을 하기
⑩ 매일 누군가에게 친절을 베풀기

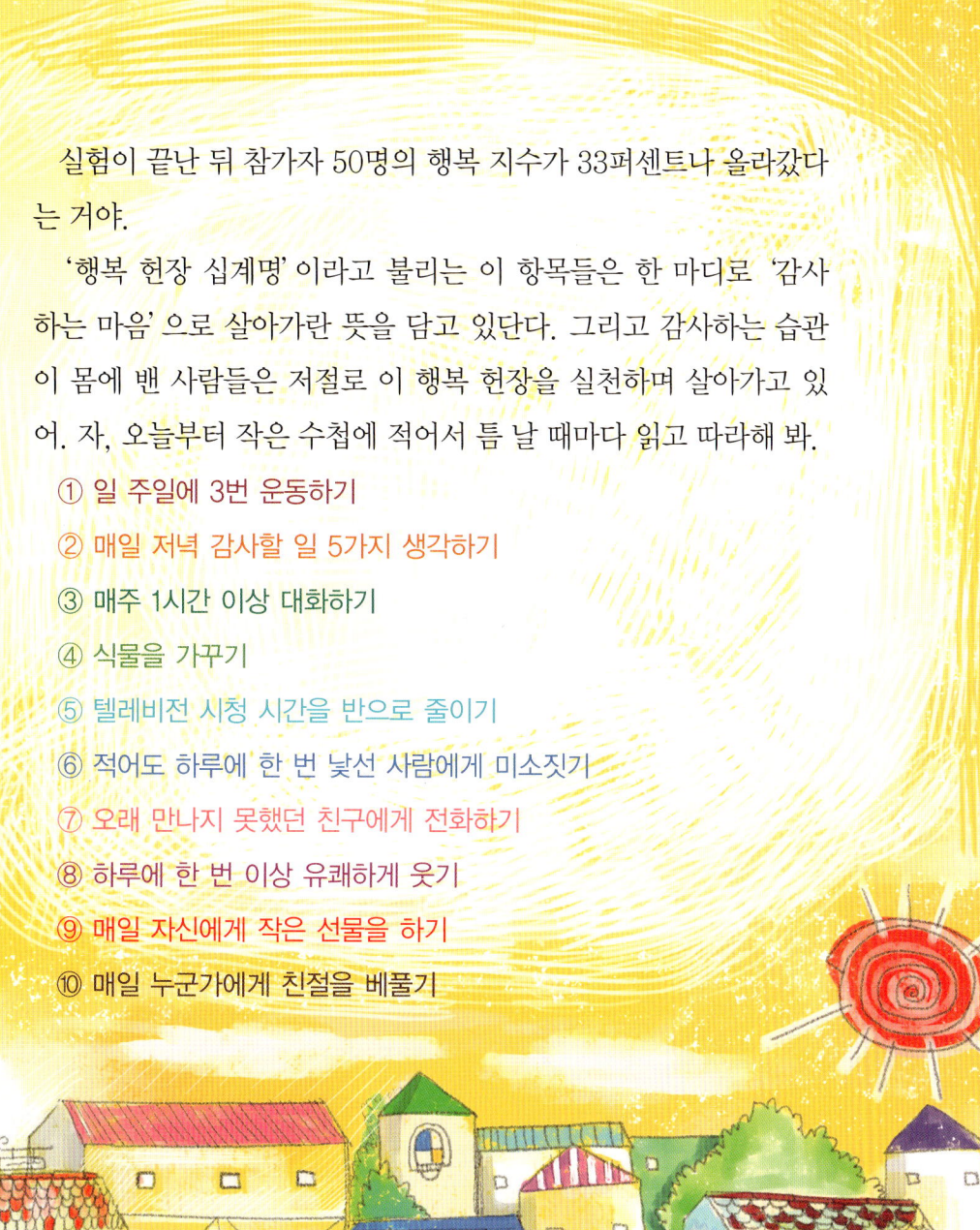

058

세상에서 가장 좋은 습관, "감사합니다!"

> 감사를 통해 인간은 부자가 되어간다.
> – 본 회퍼(독일의 신학자)

자식을 훌륭하게 키운 어느 유태인 어머니에게 기자들이 물어 봤어.

"어떻게 자식들을 그렇게 잘 키우셨죠? 비결이라도 있나요?"

그러자 어머니가 대답했어.

"저는 아이들에게 딱 세 가지만 가르쳤답니다. 첫째, 어떤 경우라도 모든 일에 감사해야 한다. 둘째, 늘 원망하는 사람과는 놀지도 사귀지도 마라. 셋째, 늘 감사하는 사람과 친하게 지내고 모든 일을 그 사람과 함께 하라."

언제나 감사할 줄 아는 사람이 되고, 또 그런 사람과 함께 하라는 말이야.

사실 기쁘고 좋은 일이 있을 땐 누구나 쉽게 감사하게 되지. 하지만 힘들고 괴로운 일이 닥쳤을 때 감사하기란 쉽지 않아.

"이렇게 괴로운데 뭐가 감사하단 말이야?" 하고 불만을 터뜨리거나 누군가를 원망하기만 한다면 상황은 점점 안 좋아질 뿐이야.

하지만 그런 순간에도 "휴우, 이만하길 다행이야. 더 나빠질 수도 있었는데 얼마나 고마워? 그리고 앞으로는 더 좋아질 거야."라고 말할 줄 아는 사람은 힘든 일을 금방 이겨 낼 수 있어. 이런 사람은 평소부터 감사하는 습관이 몸에 밴 사람이야.

어떤 사람은 아침에 눈 뜰 때부터 "감사합니다!"라는 말로 하루를 시작하기도 해.

"오늘도 아침 햇살을 볼 수 있게 해 주셔서 감사합니다!"

"맛있는 아침밥을 먹게 해 주셔서 감사합니다!"

정말 사소한 것들부터 감사한 마음으로 대하는 거야. 이 습관이 몸에 배고 나면 '감사합니다!' 란 말이 얼마나 놀라운 마법의 주문인지 확실히 깨달을 수 있을 거야.

059

하나, 둘, 셋…, 내가 가진 것들을 세어 봐

> 과거의 은혜를 회상함으로 감사는 태어난다.
> – 제퍼슨(미국의 정치가 · 교육자)

'한국의 슈바이처'라 불리는 장기려 박사는 평생 가난한 환자들을 돌보며 살다 간 위대한 분이야. 장기려 박사는 한국 전쟁 때 피난지인 부산에서 천막 집으로 '복음 병원'을 만들어 수많은 환자들을 치료했단다. 물론 돈도 받지 않고 말이야. 그렇게 평생을 살면서 자기는 집 한 칸도 갖지 않고 병원 옥상에서 살았어.

그런데도 장기려 박사는 늘 입버릇처럼 이렇게 말했대.

"나는 가진 것이 너무 많아요."

그러고는 돈이 없어 치료를 못 받는 사람들을 찾아다니며 정성껏 진료를 했다는 거야.

또 정부에서 이산가족을 만날 수 있도록 북한 방문을 권유했을

때에도 장기려 박사는 거절했어. 북녘 땅에 두고 온 가족이 무척 보고 싶었지만 장기려 박사는 이렇게 말했대.

"다른 이산가족들이 모두 만날 수 있을 때 나도 내 가족을 만나겠습니다."

자기한테만 주어지는 혜택은 거절하겠다는 뜻이었어.

장기려 박사는 평생을 가장 낮은 곳에서 겸손하게, 그리고 매일매일 감사하는 마음으로 살았어. 물질적으로는 가진 것이 하나 없으면서도 항상 "가진 게 너무 많아요."라고 말할 수 있었던 것은 무엇 때문일까?

그건 바로 '감사하는 마음' 때문이야. 과학자들은 감사하면 감사할수록 감사할 내용이 더 많아진다는 사실을 알아 냈어. 그리고 그런 사람들은 정신적으로 아주 풍요롭게 살아간다는 거야. 돈이 많은 부자가 아니라 마음의 부자로 사는 거지.

힘든 일을 달게 받아들여

> 감사하는 가슴의 밭에는 실망의 씨가 자랄 수 없다.
> — 쉐퍼(영국의 극작가)

　감사하는 마음을 지니고 사는 사람은 어떤 어려움이 닥쳐도 그것을 달게 받아들여.
　왜냐 하면 그 시련이 자신을 더욱더 성숙한 인간으로 만들어 준다는 것을 믿기 때문이야. 실제로 성공한 인생을 살다 간 사람들은 보통 사람들보다 훨씬 더 어렵고 힘든 시기를 보냈단다. 하지만 그들은 늘 감사하는 마음으로 눈앞의 시련을 기꺼이 받아들이고 이겨 냈기 때문에 더 나은 삶을 살아갈 수 있었어.
　세계적인 컴퓨터 회사인 '애플' 사를 설립한 스티브 잡스도 마찬가지야. 빌 게이츠에 버금가는 컴퓨터 업계의 거물이 되었지만 스티브는 어릴 때 힘든 시기를 보내야 했어.
　어린 시절을 입양아로 보내고 대학교는 1학기밖에 못 다녔으며, 커서는 자기가 만든 회사에서 해고되기도 하고, 또 췌장암에 걸려 절망에 빠지기도 했지.

하지만 스티브 잡스는 그 때마다 이렇게 말했어.

"나는 나에게 닥친 역경과 실패를 감사하게 생각합니다. 그건 하늘이 내린 선물이지요."

스티브 잡스는 대학을 중퇴한 것이 '인생에서 가장 훌륭한 판단'이라고 말했대. 그리고 자기가 세운 '애플' 사에서 해고된 것을 '인생 최고의 사건'이라고 말했어.

그런 시련이 오히려 스티브에게 새로운 도전과 성공을 가져다 주었기 때문이야.

자기 앞에 닥친 시련에 괴로워하고 분노하다 보면 그 어떤 가능성도 더 이상 찾아오지 않아. 하지만 그런 시련을 '선물'처럼 감사한 마음으로 받아들이면 그 속에서 값진 교훈을 찾을 수 있어. 넘어져 보지 않고서는 자전거를 제대로 배울 수 없는 것처럼 말이야.

마 / 음 / 훈 / 련

날마다 겸손하게, 매일매일 감사하며

겸손한 사람은 하루하루를 감사하는 마음으로 살아간단다. 그래서 겸손과 감사는 서로 뗄 수 없는 사이야. 겸손하고 감사할 줄 아는 사람은 늘 행복한 사람이야. 그런데 그런 행복은 지금 당장이라도 잡을 수 있어. 조금씩 연습해 보면 금세 습관처럼 자연스러워질 거야.

'축복의 돌멩이'를 주머니에 넣고 다녀 봐

작고 예쁜 돌멩이를 하나 줍는 거야. 그리고 그 돌멩이를 '축복의 돌멩이'라고 불러 봐. 이제부터 그 돌멩이를 꼭 호주머니에 넣고 다니면서 '감사합니다.'라고 주문을 외우도록 해. 어렵고 힘든 일이 닥쳐도 축복의 돌멩이를 만지는 순간, 이겨 낼 수 있는 힘이 생길 거야.

늘 보는 것들 속에서 새로운 기쁨을 찾아봐

어린아이들은 작은 것에도 늘 즐거워한단다. 우리도 어렸을 때는 그랬어. 하지만 나이가 들면서 그 사실을 잊은 것뿐이야. 잊어버린 기쁨들을 오늘부터 하나 둘씩 기억해 내도록 해 봐. 필요하다면 공책에 적어도 돼. 아마 하루 종일 새로운 기쁨들을 찾아 내다 보면 공책이 빽빽해질 거야.

친구들에게 감사의 편지를 써 봐

친구들한테 메일을 보내 봐. 그냥 흔한 메일 말고 좀 특별한 메일이 필요해. 제목은 '오늘 고마웠어.' 혹은 '네가 내 친구인 게 참 좋아.'라고 정하는 거야. '감사의 편지'를 쓰다 보면 상대방에 대한 사랑이나 소중함이 훨씬 더 커진단다. 내가 미처 생각하지 못했던 고마움을 발견하게 되거든.

Mind reconciliation and forgiven

#6

화해와 용서

mind

061 작은 용서에서 큰 용서로
062 도저히 용서할 수 없다고?
063 용서는 '나'를 행복하게 해
064 잘못을 눈감아 주는 것과 용서는 달라
065 참는 것만으로 부족해
066 너무 늦었다고 포기하지 마
067 용서하면 화가 풀리고 자유로워져
068 용서와 화해는 어떻게 다를까?
069 상대방은 간절하게 원하고 있어
070 먼저 화해를 청하는 것이 진짜 용기야
071 상대가 화해하기 싫어하면 어떡하지?
072 화해는 언제 하는 것이 가장 좋을까?
마음 훈련 _ 용서와 화해, 모두가 행복해지는 습관

forgiveness

061  작은 용서에서 큰 용서로

> 많이 용서하는 자는 많이 용서받는다.
> – P. J. 베일리(영국의 시인)

만약에 누가 계단에서 날 떠미는 바람에 크게 다쳤다면 그 사람을 용서할 수 있을까? 아마 쉽게 용서하긴 힘들 거야. 용서하더라도 꽤 시간이 걸릴 거야.

그럼 체육 시간에 누군가 실수로 내 발을 밟았다면 그 사람을 용서할 수 있을까? 이번엔 용서하기가 그다지 어렵진 않겠지? 어쩌면 그 자리에서 바로 용서할 수도 있어.

왜 어떤 건 용서하기 쉽고, 또 어떤 건 용서하기가 어려울까? 그건 내가 받은 상처의 크기가 다르기 때문이야. 계단에서 뒹굴어 다리가 부러진 것과 살짝 발을 밟힌 것과는 차이가 엄청나잖아.

우리 주변엔 아주 큰 상처를 받았는데도 용서를 잘하는 사람들이 있단다. 왜 그럴까? 보통 사람보다 아픔을 잘 참기 때문일까? 아니면 아무것도 느낄 줄 모르는 둔한 사람이기 때문일까?

아마 용서의 힘을 잘 알고 있기 때문일 거야. 용서를 하게 되면 결국 내 마음에 평화가 찾아온다는

사실을 깨달았기 때문이지. 그리고 늘 용서하는 연습을 해왔을 거야.

　용서도 연습을 하면 할수록 점점 잘할 수 있게 된단다.

　처음엔 아주 작은 용서부터 해 보는 거야. 마치 운동을 하면 근육이 생기는 것처럼 마음을 다스리는 힘, 상대방을 용서하는 힘도 연습하면 할수록 점점 커지거든. 그러면서 점점 내 마음의 그릇을 키워 가다 보면 어른이 되어서도 아주 너그럽고 관대한 사람이 될 수 있단다.

062 도저히 **용서**할 수 없다고?

> 인간은 자기가 사랑하는 만큼 용서한다.
> – 라 로슈푸코(프랑스의 작가)

요한 바오로 2세는 평생 '용서'와 '화해'를 몸소 실천한 인물이야. 그런데 이 분이 교황이 되고 얼마 지나지 않아 어느 회교도 청년이 쏜 총에 맞고 쓰러진 적이 있었어. 기적적으로 살아나긴 했지만 다시 건강을 회복하는 데에는 꽤 오랜 시간이 걸렸지.

교황은 쓰러진 지 17일 만에 일어나 이렇게 말했어.

"여러분, 오늘도 나는 나에게 총을 쏜 우리 형제를 위해 기도합니다. 세상의 평화를 위해, 그리고 교회를 위해 제 고통을 바칩니다."

교황은 저격범을 진심으로 용서하고 있었던 거야. 매일 그를 위해 기도를 할 만큼.

훗날 교황은 감옥에 찾아가 저격범을 직접 만나기까지 했어. 그 때에도 교황은 이렇게 말했어.

"나는 당신을 원망하지 않습니다. 우리는 형제이기 때문입니다. 당신이 한 일은 이미 내 마음 속에서 모두 지워졌습니다."

그 순간 저격범은 눈물을 흘리며 교황의 손에 입을 맞췄어. 자신의 죄를 진심으로 뉘우치게 된 거야.

"교황 같은 분이라면 용서할 수 있겠지. 하지만 난 그렇겐 못해!"라고 말할 수도 있을 거야.

맞아, 세상엔 절대로 용서할 수 없을 것 같은 사람들도 있어. 잘못을 저지르고도 전혀 뉘우치지 않는 사람도 있단 말이야. 하지만 그래도 용서해야만 하는 이유가 있어. 용서하지 못한다면 결국 그 괴로움은 고스란히 나의 몫이 되기 때문이야. 용서는 무엇보다 나의 상처를 치유해 주거든. 그 사람이 뉘우치건 뉘우치지 않건 상관없이 용서는 내 안에서 이루어져야 해.

숨겨둔 동생 과자

063

용서는 '나'를 행복하게 해

> 용서하라. 용서하지 못해 자신의 하루를 망치지 말라.
> – 경행록

미국에 MGM이라는 큰 영화사가 있어. 이 영화사는 미국 영화계의 유명 인사인 루이스 메이어란 사람이 세웠단다.

그런데 메이어는 어렸을 때 유독 한 친구에게 괴롭힘을 당했대. 그 친구는 틈만 나면 메이어를 때리곤 했다는 거야. 메이어는 집에 돌아와서 마구 화를 내며 그 친구를 욕했지.

"깡패 같은 녀석! 세상에서 제일 나쁜 놈!"

그런데 하루는 메이어의 어머니가 이렇게 말했어.

"그렇게 화가 나면 산에 올라가서 큰 소리로 욕을 해 보렴."

그래서 메이어는 엄마와 함께 곧장 산으로 올라갔어. 그리고 큰 소리로 외쳤지.

"야! 이 나쁜 놈아! 이 벼락 맞을 놈아!"

메이어는 속이 조금 시원해지는 것 같았어.

그런데 이게 웬일이지? 자기 목소리가 다시 메아리가 되어 돌아오는 거야.

"야! 이 나쁜 놈아! 이 벼락 맞을 놈아!"

그러자 어머니가 말했어.

"자, 이번엔 그 친구를 축복해 보렴."

메이어는 내키지 않았지만 어머니가 시키는 대로 했어.

"하나님이 널 축복하실 거야!"

그러자 다시 메아리가 들려 왔어. "하나님이 널 축복하실 거야!" 하고 말이야.

그 날 메이어는 놀라운 사실을 깨달았어. **남을 욕하면 결국 그 욕이 내게로 돌아오고 남을 축복하면 그 축복이 다시 내게로 돌아온다는 사실을 말이야.** 메이어는 결국 그 친구를 용서하기로 했어. 그리고 이 깨달음을 평생 잊지 않고 살았대. 그래서 미국 영화계의 큰 산으로 우뚝 서게 된 거야.

064 | 잘못을 눈감아 주는 것과 용서는 달라

> 관대하기에 앞서 정당하라.
> – R. B. 세리던(영국의 극작가·정치가)

어느 마을에 도둑이 들었어. 어찌나 신출귀몰한 도둑인지 하룻밤 사이에 몇 집씩 돌아다니며 감쪽같이 물건을 훔쳐 달아났어.

그러던 어느 날 젊은 경찰이 순찰을 돌다가 도둑을 잡게 되었어.

"아니, 넌?"

경찰은 깜짝 놀랐어. 도둑이 바로 어릴 적 친구였거든.

"미안하다. 살기가 너무 힘들어서 그만 도둑질을 하게 됐어."

친구는 눈물을 뚝뚝 흘리며 용서를 빌었어.

경찰은 정말 마음이 아팠어. 그 친구가 얼마나 가난하게 살아왔는지 잘 알고 있었거든. 비록 도둑질을 하긴 했지만 마음씨는 아주 착한 친구란 것도 알고 있었어. 경찰은 친구에게 말했어.

"너를 이해해. 그리고 난 너를 용서할 수 있어. 하지만 네가 저지른 죄까지 눈감아 줄 수는 없어."

경찰은 결국 친구를 체포했어.

용서하는 것과 잘못을 눈감아 주는 것은 달라.

'용서'는 내 마음 속에서 이루어지는 일이지만, 그 사람의 잘못된 행동까지 내 마음대로 덮어 줄 수는 없어. 만일 모든 사람들의 잘못을 눈감아 주게 된다면 이 세상은 정말 위험해질지도 몰라.

만약에 친한 친구가 잘못을 저질렀을 때는 이렇게 말해야 해.

"나는 비록 너를 용서하지만 네가 한 행동은 옳지 않아. 다시는 그런 잘못을 저지르지 않았으면 좋겠어."

그래야 친구도 자기의 잘못을 깨달을 수 있을 테니까.

065

참는 것만으론 부족해

남을 이롭게 하는 것은 자기를 새롭게 하는 것이다.
— 채근담

"그래, 용서하자! 용서하기로 하는 거야."

이렇게 마음먹었는데도 왠지 마음 한구석이 찜찜할 때가 있어. 용서하기로 했는데도 미운 감정이 그대로 남아 있기 때문이야. 이건 진정한 용서가 될 수 없단다. 미운 감정을 꾹 참아가며 안 그런 척하다 보면 미움은 점점 더 커지게 돼.

용서하기로 마음먹었는데 왜 미움이 남아 있을까? 그건 새로운 감정이 생기지 않았기 때문이야. 마음 속에서 미움을 없애려면 새로운 감정이 들어와야 하거든. 마치 방 안의 나쁜 공기를 몰아 내기 위해 창문을 열고 신선한 바람을 받아들이는 것처럼 말이야.

사실 용서란 건 정말 적극적이면서도 용기 있는 행동이야.

'용서한다. 정말 용서하기로 하는 거야!'

이렇게 마음먹은 것만으로는 아직 용서가 다 이루어진 게 아니란다. 용서하기로 마음먹은 다음에는 새로운 감정이 필요해. 새로운 감정을 받아들이기 위해서 마음의 창문을 열어야 하는 거야. 새로운 감정이란 바로 사랑의 감정이란다.

상대방의 나쁜 면, 미운 면보다는 좋은 면을 더 많이 보려고 노력해 봐. 그렇게 천천히, 마음이 향하는 길을 '미움'에서 '사랑' 쪽으로 바꾸려고 노력한다면 조금씩 마음이 열리게 된단다.

066

너무 늦었다고 포기하지 마

> 남의 잘못을 찾으려 애쓰지 말고 나의 잘못을 반성하라.
> – 법구경

영국의 웰링턴 장군이 승전 기념 파티를 할 때였어. 그 자리에는 여러 장군들이 모여 있었지. 그런데 웰링턴이 지갑을 꺼내려고 주머니를 뒤지는데 그만 지갑이 사라져 버렸지 뭐야.

"누가 내 지갑을 훔쳐갔군. 범인은 아직 여기 있을 테니 문을 닫아라."

그러자 손님들은 너도나도 흥분하며 소지품 검사를 하자고 주장했어. 그 때 어느 나이 든 장군이 벌떡 일어나더니, "난 반대요! 소지품 검사를 받지 않겠소!" 하고 소리쳤어.

손님들은 모두들 그 늙은 장군을 의심하기 시작했지. 그러자 늙은 장군은 황급히 문을 박차고 나가 버렸어. 저 혼자 소지품 검사를 반대했으니 결국 그 늙은 장군이 범인이었던 셈이야.

한 해가 지나고 웰링턴은 연회복을 입으려다가 깜짝 놀라고 말았어. 글쎄, 도둑맞은 줄 알았던 지갑이 다른 쪽 주머니에 들어 있었던 거야.

'아, 그것도 모르고 죄 없는 사람을 도둑으로 몰았구나!'

웰링턴은 자신의 경솔한 행동을 깊이 반성했어. 그러곤 곧바로 그 늙은 장군을 찾아갔지. 웰링턴은 장군에게 말했어.

"그 때 왜 소지품 검사를 반대하셨나요? 괜히 범인으로 몰렸잖습니까?"

그러자 늙은 장군이 이렇게 대답했어.

"사실 그 날 밤 나는 굶고 있는 아내와 자식들에게 주려고 빵 몇 조각을 주머니에 넣어 두었답니다."

웰링턴은 늙은 장군의 무릎에 이마를 묻고 한참 동안 울며 용서를 구했어. 두 사람은 그 날 이후 가장 소중한 친구 사이가 되었대.

때론 자기 잘못을 너무 늦게 깨닫는 바람에 상대방으로부터 용서받을 기회를 놓치거나 너무 오래 전 일이라 망설일 수도 있지. 하지만 아무리 늦어도 반성하고 용서받는 일은 꼭 필요하단다.

> 용서받는 길에는 지름길이 없단다. 늦더라도 반성하고 용서 받는 일은 꼭 필요하지.

> 장군에게 사과하러 가는 길

> 자신의 잘못을 인정하고, 마음을 열고 상대에게 다가가자!

067

용서하면 화가 풀리고 자유로워져

> 잊는다는 것은 용서한다는 것이다.
> – 피츠제럴드(미국의 소설가)

시몬이란 유태인 남자가 있었어. 유태인들은 제2차세계대전 때 독일군들에게 엄청난 학대를 받았잖아. 시몬도 그 때 유태인 수용소에 갇혀서 죽을 날만을 기다리고 있었대.

어느 날 시몬은 임시 병원에서 쓰레기 청소를 하고 있었어. 거긴 독일군 부상병들을 치료하는 곳이었단다. 그런데 간호장교가 시몬을 부르더니 어느 독일 병사에게 데려갔어. 그 병사는 죽어 가고 있었지. 병사가 시몬의 손을 꼭 잡더니 이렇게 말했단다.

"당신은 유태인이지요? 죽기 전에 꼭 할 말이 있습니다. 저는 유태인들에게 끔찍한 짓을 저질렀어요. 애 어른 할 것 없이 닥치는 대로 총을 쏘았답니다. 저는 그 일을 도저히 잊을 수가 없어요. 죽기 전에 꼭 유태인에게서 용서 받고 싶습니다. 그래야만 편하게 눈을 감을 수 있을 것 같아요."

독일 병사는 시몬에게 간절하게 용서를 빌었어.

하지만 시몬은 아무 말도 하지 않았어. 도저히 용서할 수가 없었던 거야. 독일 병사는 결국 용서를 받지 못한 채 세상을 떠났단다.

전쟁이 끝나고 시몬은 다행히 수용소에서 살아 남았어. 하지만 평생 동안 그 독일 병사를 잊을 수가 없었어.

'아, 그 때 용서를 했어야 했는데…….'

시몬은 날마다 그 독일 병사를 떠올리며 괴로워했대.

때로는 용서하고 싶은데 그 기회를 놓치는 경우가 있어. 그런데 용서하지 못하면 마음에 큰 빚이 남은 것처럼 무겁고 괴롭단다.

용서는 결국 나를 자유롭게 하는 행동이야. 그러니까 더 미루지 말고 용서하는 습관을 길러야 해.

용서와 화해는 어떻게 다를까?

인간은 친구를 통해서 자기를 완성하게 된다.
– 보나르(프랑스의 화가)

사람들은 용서란 말과 화해란 말을 한꺼번에 쓰기 때문에 그 차이를 잘 알 수가 없어.

"용서하면 화해한 거 아니야?"

하지만 용서와 화해는 비슷하면서도 다르단다.

용서는 자기 마음 속에서 이루어지는 일이지만 화해는 반드시 상대방과 함께 이루어져야 해. 만일 화해를 하고 싶어도 상대방이 응하지 않으면 할 수가 없는 거야. 다시 말해서 화해는 두 사람이 뜻을 같이 해야 이루어진다는 뜻이야.

그런데 용서와 화해가 마치 동시에 이루어지는 것처럼 말하는 까닭은 뭘까? 그건 바로 용서가 화해를 불러 오기 때문이야. 내 마음 속에서 용서하고 싶은 마음이 생기면 곧바로 상대방과 화해하고 싶은 생각도 들게 되거든.

하지만 그렇다고 자동으로 화해가 이루어지는 건 아니야. 화해를 하려다가 상대방이 뉘우치지 않고 있다는 걸 알면 다시 울컥 화가

나기도 해. 또 화해하는 방법을 잘 몰라서 우물쭈물 망설이기도 하고, '내일 화해해야지.' 하고 자꾸 미룰 때도 있어.

　화해는 저절로 이루어지는 게 아니야. 화해를 잘하려면 화해하는 방법에 대해서 알아 두어야 한단다.

　서로 화해할 때에는 메일이나 전화보다는 직접 만나서 얼굴을 마주 보고 하는 게 좋아. 얼굴을 보고 웃는 표정을 짓게 되면 열 마디, 백 마디보다 효과가 있단다.

　또 화해할 때에는 상대방의 이야기에 귀를 기울여 봐. 내 입장만 밝히면서 사과하기보다는 상대방의 느낌과 생각을 들어 보는 게 좋아. 서로의 이야기를 많이 들을수록 서로의 입장과 생각을 더 잘 이해할 수 있고, 우정도 더욱 돈독해진단다.

069

상대방은 간절하게 원하고 있어

> 만일 기회가 오지 않으면 스스로 기회를 만들어라.
> – 새뮤얼 스마일즈(스코틀랜드의 작가)

스페인의 한 마을에 살았던 아버지와 아들의 이야기야.
어느 날 아들 파코가 큰 잘못을 저질렀어.
'어떡하지? 아버지가 절대로 용서하지 않으실 텐데.'
파코는 밤새 고민하다가 마침내 집을 떠나기로 했어.
다음 날 아침 아버지가 아들 방에 들어가 봤더니 침대가 텅 비어 있지 뭐야?
아버지는 곧장 아들을 찾아 나섰어. 물론 아들이 저지른 잘못은 이미 용서했지. 하지만 아무리 찾아다녀도 파코는 보이지 않았어. 아버지는 결국 마을 회관 앞에 큰 글씨로 이렇게 써 붙였단다.

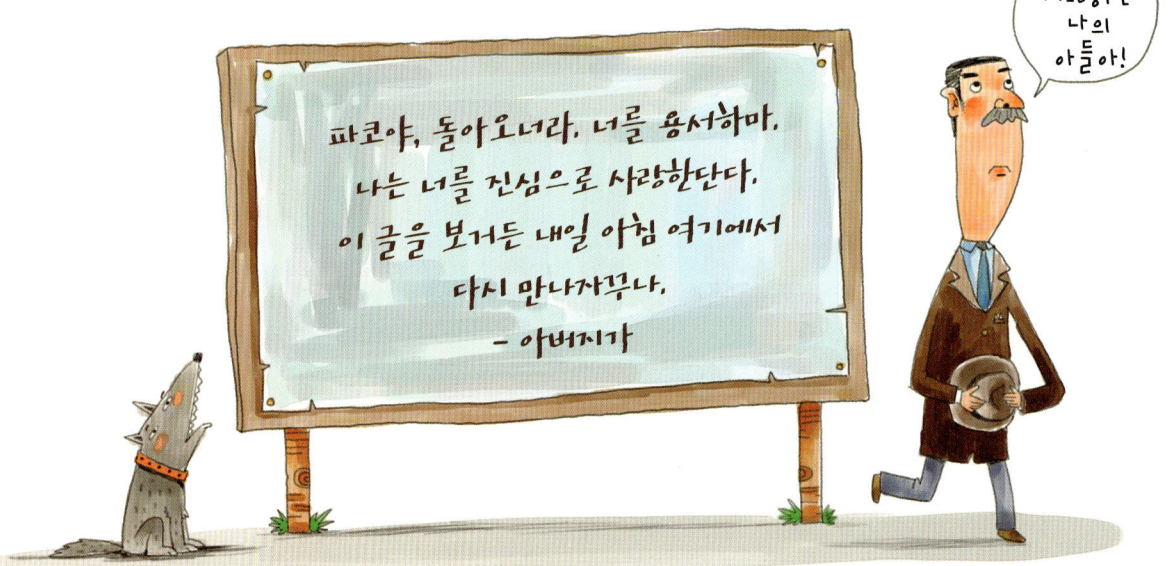

다음 날 아침 아버지는 두근거리는 마음으로 마을 회관 앞으로 갔어. 그런데 이게 웬일이지? 마을 회관 앞에는 아들 파코말고도 여섯 명의 아이들이 더 와 있었던 거야. 어떻게 된 일일까?

그 아이들의 이름은 전부 '파코'였어. 모두 집을 나온 아이들이었지만 마음 속으로는 늘 아버지가 불러 주길 바라고 있었지. 그래서 이른 아침에 아버지를 만나기 위해 마을 회관 앞으로 달려왔던 거야.

지금 누군가를 용서하지 않고 있다면 한번쯤 이 아이들을 생각해 봐. **내가 도저히 용서할 수 없다고 생각하는 그 사람은 어쩌면 나의 용서를 간절히 기다리고 있을지도 몰라.** 그리고 누군가를 용서하기로 마음먹었다면 파코의 아버지처럼 빨리 행동으로 옮기는 게 좋아. 우물쭈물하다가는 용서할 기회로부터 점점 멀어질 수 있거든.

070

먼저 화해를 청하는 것이 진짜 용기야

> 용기가 없는 사람에게는 어떤 좋은 것도 생기지 않는다.
> – 마르쿠스 아우렐리우스(로마의 황제)

지금 우리 나라가 남한, 북한으로 나뉘어 있듯이 독일도 예전에는 서독, 동독으로 나뉘어 있었어. 1970년에 빌리 브란트라는 서독의 수상이 폴란드를 방문한 적이 있었단다. 거기엔 제2차세계대전 때 나치 독일에 맞서다 숨진 유태인들의 추모비가 있었어.

다른 나라의 지도자들도 폴란드에 가면 으레 이 곳을 들렀기 때문에 기자들이나 수행원들은 아무 관심도 기울이지 않았지. 그런데 그 때였어. 빌리 브란트가 갑자기 무릎을 꿇었지 뭐야. 사람들은 깜짝 놀랐어. 갑자기 수상이 쓰러진 줄 알았던 거야. 하지만 그게 아니었어. 빌리 브란트는 비에 젖은 바닥에 무릎을 꿇고는 머리를 숙인 채 희생자들의 명복을 빌고 있었던 거야.

사실 빌리 브란트는 나치 독일의 만행에 대해서 사과할 필요가 없는 사람이야. 오히려 젊은 시절에 나치에 대한 저항 운동을 했던 사람이었지. 그런데 그가 무릎을 꿇고 나치 독일의 잘못을 사죄하고 희생자들에게 용서를 빌었던 거야.

훗날 빌리 브란트는 이렇게 말했어.

"나는 수백 마디의 말이 소용없을 때 행해야 할 일을 했을 뿐이다."

빌리 브란트의 이 행동으로 인해 비로소 '화해'의 물꼬가 터지기 시작했어. 그 후 빌리 브란트는 '동방정책'을 통해 동독이나 유럽 동구권 나라들과의 화해와 평화를 계속 추구했고, 결국 독일이 한 나라로 다시 통일하는 데 큰 역할을 했어.

어떻게 보면 화해는 용서보다 어려울 수 있어. 화해는 오히려 큰 오해를 불러오거나 자존심에 상처를 줄 수도 있지. 그런 위험을 무릅쓰고 먼저 다가간다는 것은 진정한 용기야.

071

상대가 화해하기 싫어하면 어떡하지?

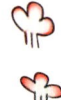

> 가치 있는 적이 될 수 있는 자는 화해하면
> 더 가치가 있는 친구가 될 것이다.
> – 오웬 펠덤(영국의 철학자)

친구가 내 마음에 큰 상처를 줬어. 난 며칠 동안 괴로워하다가 결국 그 친구를 용서하기로 했지. 그래서 큰맘 먹고 그 친구를 찾아갔어.

"난 너를 용서하기로 했어. 그러니까 우리 이제 화해하자."

여기까지는 정말 잘했어.

이제 남은 건 그 사람이 활짝 웃으며 손을 내밀고, 내가 그 손을 잡는 일뿐이야. 하지만 모든 용서와 화해가 이렇게 쉽고 행복하게 이루어지는 건 아니란다.

"용서? 화해? 하든지 말든지. 난 그런 거 상관 안 해."

상대방이 이렇게 나올 수도 있거든.

세상에는 남들에게 상처를 주고도 아무렇지 않은 사람들이 간혹 있어. 그런 사람이라면 화해는커녕 절대로 용서하고 싶지 않을 거야.

상대방이 자기 잘못을 진정으로 뉘우치지 않는다면 화해는 이루어지기 힘들어. 왜냐 하면 화해는 '나'와 '너'가 함께 하는 거니까.

하지만 그렇다고 해서 내가 그 사람을 용서하지 못할 이유는 없어. 앞에서 말했듯이 용서는 결국 '나'를 행복하게 하기 때문이야.

내 마음의 상처를 치유해 줄 사람은 나밖에 없어. 바로 '용서'를 통해서 말이야. 상대방이 용서받기 싫어하고, 화해하기 싫어한다면 어쩔 수 없어. 그냥 놔둘 수밖에. 하지만 나는 그 사람을 용서함으로써 보다 자유롭게, 그리고 행복하게 살아가야 하는 거야.

072

화해는 **언제** 하는 것이 가장 좋을까?

> 친구들에게서 기대하는 것을 친구들에게 베풀어야 한다.
> – 아리스토텔레스(고대 그리스의 철학자)

화해는 언제 해야 할까?

친구와 서로 심하게 다투고 나면 누구나 마음이 아파. 친한 친구일수록 아픔은 더 클 수밖에 없어. 그 아픔이 빨리 사라지게 하려면 친구를 찾아가서 화해의 손길을 내밀어야 할 거야. 그런데 문득 이런 생각이 들 때가 있어.

'가만, 그 친구도 나처럼 화해하고 싶어할까?'

또 내 마음 속에 아직도 서운한 감정이나 미움이 남아 있을 때에도 화해가 이루어지지 않아.

그렇다면 시간이 아주 많이 흐를 때까지 기다려야 하는 걸까? 혹은 그 친구가 먼저 화해하자고 할 때까지 기다리는 게 좋을까?

'흥, 녀석이 먼저 찾아올 때까지 기다릴 테야. 왜 내가 먼저 손을 내밀어야 해?'

만약에 두 사람 다 이런 생각이라면 화해하는 데 꽤 오랜 시간이

걸릴 거야.

  화해를 하려면 내가 먼저 움직이는 게 좋아. 상대방이 먼저 악수를 청하거나, 다른 누군가가 화해시켜 주길 기다리다 보면 화해해야 할 시기를 영영 놓칠 수도 있거든.

  "나 사실은 마음이 많이 아팠어. 너한테 너무 심한 말을 한 것 같아서 말이야. 하지만 이제 지난 일은 잊고 다시 너하고 친하게 지내고 싶어."

  내 감정이 다치기 쉽듯이 상대방의 감정도 다치기 쉽다는 걸 알아야 해. 특히 화해할 때에는 더욱더 상대방의 감정을 존중해 줘야 한단다.

마 / 음 / 훈 / 련

용서와 화해, 모두가 행복해지는 습관

한 번도 싸우지 않고 평화롭게 살아가는 사람은 아무도 없어. 누구나 말다툼을 하고 또 상처를 받곤 한단다. 그렇기 때문에 용서하는 습관, 화해하는 방법을 배우고 익히는 것이 중요해.

왜 화가 났는지, 왜 상처 받았는지 솔직하게 다 털어 놓자

상대방을 용서하고 또 멋지게 화해하려면 다툼이 생긴 원인과 결과를 정확하게 알아야 해. 내가 받은 상처를 다시 끄집어 낸다는 건 힘든 일이지만 용서하기 위해서는 이 과정을 반드시 거쳐야 한단다.

상대방과 입장을 바꿔 보자

'그 친구는 나에게 왜 그런 말을 했을까?', '왜 그런 행동으로 내 마음을 아프게 했을까?'
용서하기 위해서는 상대방의 입장에서 사건을 되돌아봐야 해.

그리고 내가 아파하는 것처럼 상대방도 아파하고 있다는 사실을 깨닫게 된다면 용서는 훨씬 더 쉬워진단다.

화해할 때에는 서로 얼굴을 마주 보자

서로 화해할 때에는 메일이나 전화보다는 직접 만나서 얼굴을 마주 보고 하는 게 좋아. 물론 서먹하기 때문에 전화를 택하고 싶겠지만 전화로 얘기하다 보면 또 다른 오해가 생길 수 있어. 백 마디 말보다 미소가 더 큰 힘이 된단다.

화해할 때에는 말을 많이 하기보다 상대의 이야기를 정성껏 들어 주자

화해할 때에는 상대방의 이야기에 귀를 기울여 봐. 내 입장만 밝히면서 사과하기보다는 상대방의 느낌과 생각을 들어 보는 게 좋아. 상대방의 마음 속에 남아 있던 화가 모두 풀릴 수 있도록 배려해 주는 거야.

2015년 12월 15일 2판 1쇄 발행
2017년 7월 10일 2판 3쇄 발행

지은이 | 김정홍
그린이 | 나일영
발행인 | 김경석
펴낸곳 | 아이앤북
편집자 | 우안숙
디자인 | 김희영 장지윤
마케팅 | 정윤화 남상희
주 소 | 서울시 성동구 천호대로 424(용답동)
연락처 | 02-2248-1555
팩 스 | 02-2243-3433
등 록 | 제4-449호

ISBN 979-11-5792-048-8 74370
ISBN 979-11-5792-097-6 (세트)

이 책에 실린 모든 내용, 디자인, 이미지, 편집 구성의 저작권은 아이앤북과 지은이에게 있습니다.
http://blog.naver.com/iandbook 아이앤북은 '나와 책' '아이와 책'이라는 뜻을 가지고 있습니다.

이 도서의 국립중앙도서관 출판시도서목록(CIP)은 e-CIP 홈페이지 (http://www.nl.go.kr/ecip)
에서 이용하실 수 있습니다. (CIP 제어번호 : CIP2017000897)

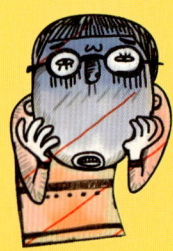